# Der Irre von Palenque

Verschiedene Theorien der
Präastronautik und Paleo-Seti

von Pierluigi Peruzzi

**Vorwort**

1973, da war ich 23 Jahre alt, habe ich den ersten Film von Erich von Däniken gesehen. Er hat mich vollkommen überzeugt. Die Götter waren Astronauten.

Danach habe ich mich nur noch am Rande mit der Präastronautik befasst. Erst zwei Dutzend Jahre später habe ich mich wieder intensiv darum gekümmert und mir meine eigenen Gedanken gemacht. Ich sehe oft die Dinge anders als die Anderen. Habe zum Teil meine eigenen Theorien. Aber diese Theorien bewegen sich meistens im Rahmen mit denen von Herrn von Däniken.

So habe ich vorerst sehr viele Webseiten mit meinen Ansichten veröffentlicht. Aber das Web ist kein Buch und der Autor kann darin nicht so detailliert beschreiben wie er es sieht. Auch kann der Leser darin nicht seine eigenen Notizen machen. Insbesondere das Flugobjekt auf der Grabplatte von König Pakal möchte ich im Kapitel 1 genauer beschreiben. Dass es ein Flugobjekt ist, ist klar und deutlich zu sehen. Nur mit einer einfältigen Phantasie kann man darin irgendwelche Pflanzen erkennen.

In den anderen Kapiteln bringe ich noch ein paar andere Theorien auf Papier, die ich im direkten Zusammenhang mit der Kultur der Maya sehe.

**Das Relief auf der Grabplatte von Palenque**

Persönlich halte ich das dargestellte Objekt für einen atmosphärischen Flugkörper. Also kein Raumschiff. Die im Wind flatternden Haare des Piloten, die Sauerstoffzufuhr an der Nase und die nackten Hände und Füsse lassen einen

Flugkörper im luftleeren Raum unglaubwürdig erscheinen. Hingegen ist die Technik, die benutzt wurde, diejenige Technik, die auch im luftleeren Raum funktioniert.

**Frühere Hochzivilisation auf der Erde oder Besucher?**

In den Kapiteln 1 - 5 befasse ich mich ausschliesslich mit der Grabplatte und der Technik, die in einer früheren Zeit verwendet wurde. Woher der Pilot stammt, lasse ich vorerst offen und befasse mich erst ab Kapitel 6 damit. Aber auch dann, wenn ich im Kapitel 6 eine klare Möglichkeit darlege, bin ich genügend flexibel, um auch über andere Herkunftsorte zu diskutieren. Wie zum Beispiel die Raumstation von Dieter Bremer (deutscher Sachbuchautor) oder das Generationenraumschiff von Erich von Däniken (schweizer Sachbuchautor).

Ob Raumschiff oder atmosphärischer Flugkörper, das ändert nichts an der Sache, denn beides sind Flugobjekte und es geht darum, ob vor Jahrtausenden auf der Erde irgendwo eine Flugtechnik vorhanden war. Ob die "Götter" von einer noch früheren Zivilisation stammten oder "Besucher" waren, damit setze ich mich zwar auseinander und zeige eine weitere Möglichkeit, lasse aber offen, um wen es sich dabei handeln könnte, denn das kann heute niemand genau sagen.

Zu den Quellen: Schade um die Tinte; da man heute im Internet alles bestens suchen und kontrollieren kann, verzichte ich oft auf Angabe der Quellen.

Ich wünsche Euch viel Spass beim Lesen meines Buches.

Pierluigi Peruzzi-Damasco, November 2016

Bibliografische Information der Deutschen Nationalbibliothek:
Die Deutsche Nationalbibliothek verzeichnet diese Publikation in der Deutschen Nationalbibliografie; detaillierte bibliografische Daten sind im Internet über http://dnb.dnb.de abrufbar.

© 2016 Pierluigi Peruzzi-Damasco, Autor
Lektorat: Manfred Greifzu

Herstellung und Verlag
BoD - Books on Demands, Norderstedt

ISBN - 978-3-7431-6295-2

# Inhalt

**Vorwort**    2

**Kapitel 1 - Der Irre von Palenque**    6
*Eine Analyse des Kunstwerkes auf der Grablatte .*

**Kapitel 2 - Boarding, bitte einsteigen**    31
*Ein kurzer Sprung nach Ägypten.*

**Kapitel 3 - Pakal vs. Apollon**    35
*Viel Gemeinsames bei zwei verschiedene Persönlichkeiten.*

**Kapitel 4 - Drei verschiedene Götter stiegen ins Totenreich hinab**    41
*Des Guten zuviel, wenn ganze 3 Götter zur Hölle fahren.*

**Kapitel 5 - Das verlorene Eisen der mittelamerikanischen Kulturen**    45
*Wer hat das Eisen mitgenommen?*

**Kapitel 6 - Die Herkunft des Menschen**    53
*Wo waren Atlantis, Lemuria, Mu und Midgard situiert?*

**Kapitel 7 - Die Saturnringe**    83
*Eine megawitzige Supposition über dessen Entstehung*

**Kapitel 8 - Götterliste der Maya**    86
*Eine grosse, aber unvollständige Liste*

**Kapitel 9 - Die verbotene Präastronautik**    102
*Warum darf es die Präastronautik nicht geben?*

**Kapitel 10 - Die alternative Korrelation des Mayadatums**    111
*Die fehlende Korrelation des Mayakalender*

**Kapitel 11 - Bischof Diego de Landa**    184
*Katholischer Bischof von Yucatan (*12.11.1524 -+29.04.1579)*

# 1. Der Irre von Palenque

Analyse eines Bildes aus der mittelamerikanischen Maya-Kultur.

### Der Irre von Palenque in seiner fliegenden Kiste

Wie viele andere auch, lässt mich die Abbildung auf der Grabplatte von Palenque nicht los. Das Bild selbst kann man keinesfalls interpretieren. Es ist ein Fluggerät, dass sieht wirklich der dümmste Mensch auf Erden. Man muss sich schon anstrengen, etwas Anderes "hineininterpretieren" wollen, wenn man kein Fluggerät sehen will.

Man sieht einen Mann, in Reitstellung wie auf einem Motorrad, mit Wind in den Haaren. Rundherum Schalter und Hebel aller Art.

Kein Früchtebaum, keine religiöse Handlung und schon gar kein UFO, sondern eine fliegende Kiste, hergestellt aus den Resten, die noch übriggeblieben sind.

Damit meine ich die Reste einer Hochkultur auf der Erde. Allenfalls die Reste, die Schiffbrüchige auf der Erde hinterlassen haben.

### Die Zeichnung von Dr. Alberto Ruz Lhuiller,

und die Botschaft des Steinmetzes auf dem Grabdeckel sind eindeutig.

Die hervorragende Zeichnung von **Dr. Alberto Ruz Lhuiller** (mexikanischer Archäologe, 27.01.1906 – 25.08.1979) ist ja die

Basis aller Dinge. Er war es ja, der die Wahrheit ans Tageslicht gebracht hat. Kein anderer als er hat mit seiner Zeichnung ein weltweites "Ah" und "Oh" erzeugt. Auch **Erich von Däniken** (schweizerischer Sachbuch- und Bestsellerautor) muss man danken, denn er hat diese Zeichnung in seinem ersten Buch **"Erinnerungen an die Zukunft"** veröffentlicht, und so endlich allen zugänglich gemacht.

Trotz allem hat es Dr. Lhuiller nicht ganz geschafft, ein sehr exaktes Bild der Grabplatte wiederzugeben und ich muss eine kleine Beanstandung vorbringen.

Auf der Grabplatte ist ganz klar ein Nasenschutz zu erkennen. Dr. Lhuiller hat wahrscheinlich angenommen, dass der Steinmetz etwas nicht richtig gemacht hat und so die ganze Nase in seiner Zeichnung dargestellt. Aber auf dem Grabstein ist diese Nase unter der Sauerstoffmaske des Nasenschutzes verborgen.

Betrachtet einfach den Nasenschutz von Jagdpiloten der Luftwaffe, dann erkennt ihr sofort die Einstimmigkeit mit der Grabplatte, und den kleinen, gutgemeinten Fehler von Dr. Lhuiller.

Das soll aber die Arbeit von Dr. Lhuiller nicht schmälern, denn seine Leistungen waren einfach ausgezeichnet. Besonders die Entdeckung des Grabes von Re Pakal ist nur ihm zu verdanken.

Vermutlich handelt es sich beim genannten Steinrelief um das Abbild einer technischen Zeichnung im Querschnitt. Vieles lässt das vermuten. Was dann die Eingeborenen verstanden haben, ist etwas anders. Denn die Maya von damals wussten bestimmt nicht, wie ein Flugkörper auszusehen hat.

Heute noch werden technische Zeichnungen auf langlebigem Papier gezeichnet oder gedruckt. Meist handelt es sich um dickeres und flächenmässig grösseres Papier. Fotos verblassen hingegen weitaus schneller. Auch bedrucktes Normalpapier (falls damals schon solches existiert haben sollte) dürfte sich sehr schnell zersetzt haben. Die technischen Zeichnungen hingegen - schwarz auf weiss - dürften die anderen Bilder um über 100 Jahre hinaus überdauert haben.

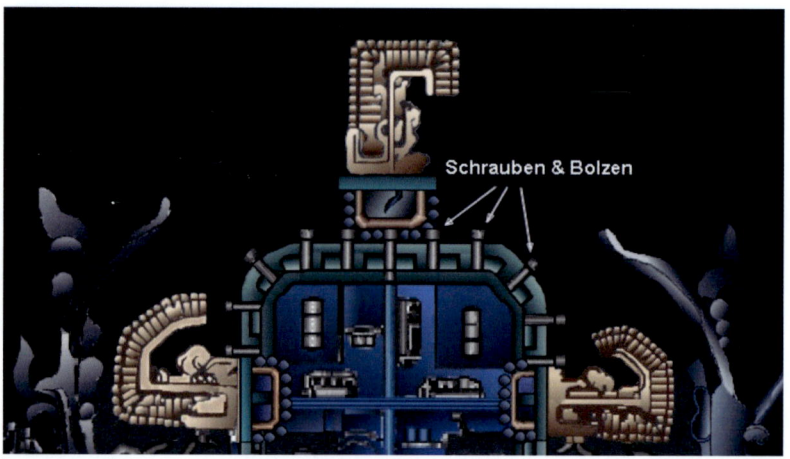

Verbleiben wir doch bei der technischen Zeichnung, kopiert von Eingeborenen die keinen blassen Schimmer von Technik hatten.

Zeichnung Dr. Lhuiller, Colorierung P.Peruzzi

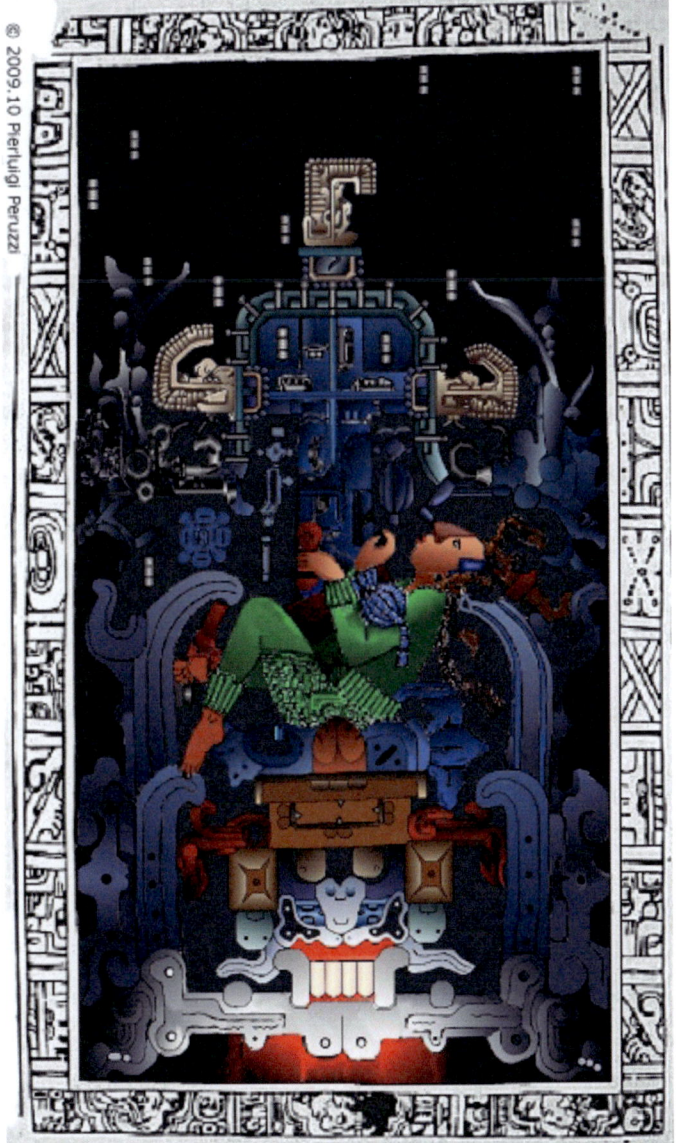

Oben: Das soll einen Lebensbaum darstellen? (lach)

## Die Fußsteuerung dieser irrsinnigen, primitiven Raumkapsel

Wenn man verstehen will, was uns die Grabplatte von Palenque sagen will, dann muss man das Ganze von der technischen Seite her betrachten. Dank der sauberen Zeichnung von Dr. Lhuiller und meiner farblichen Anpassungen kann man einiges besser erklären.

Man sieht auf diesem Bild, wie der Raumfahrer mit den nackten Füssen irgendwelche „Pedale" bedient.

Der nackte Wahnsinn also. Dieser irre Pilot steuert ein Flugobjekt wie ein Rennfahrer und scheinbar ohne jegliche, elektronische oder elektrotechnische Hilfsmittel. Dass der dargestellte Pilot aber zu dieser Zeit bereits einfache Elektronik hatte, zeigen auf verschiedenen Platten und Reliefs die Ohrhörer mit integriertem Mikrofon.

Die genannte Schubumleitung hat ja die gleiche Wirkung wie ein Seitenleitwerk eines Flugzeuges. Im freien Raum braucht es sehr wenig Kraft, um irgendeinen sich bewegenden Körper in einer andere Richtung zu lenken. Jedoch nicht in der Atmosphäre. Aber dieser lange Hebelarm dürfte ohne weiteres genügen.

Was ich im Bild unten mit "lose Halterung" bezeichnet habe, könnten aber Stoppleisten für die Schubumlenkung sein. Es besteht ja die Möglichkeit, dass er die Schubumlenkung steuert, indem er den langen Hebelarm mit den Füssen zu sich zieht oder von sich wegdrückt.

Schön zu sehen ist die ergonomische Fussabstützung. Sie hat dazu auch noch einen Einstellriemen oder eine Einstellschraube.

Zeichnung von Dr. Alberto Lhuiller
Farbige Darstellung von Pierluigi Peruzzi

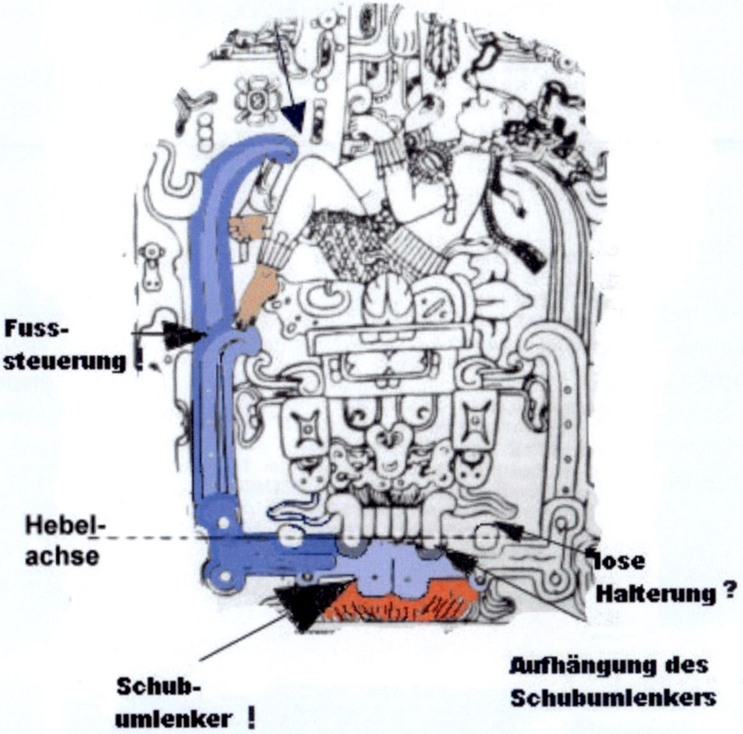

Fuss-
steuerung!

Hebel-
achse

lose Halterung?

Schub-
umlenker!

Aufhängung des
Schubumlenkers

MAR-2008

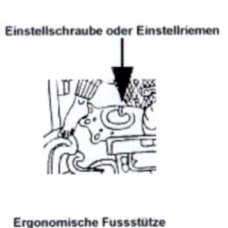

Einstellschraube oder Einstellriemen

Ergonomische Fussstütze

MAR-2008

Bei dem fast 2 Meter langen Hebelarm der Fussteuerung muss man so oder so die Füsse irgendwo abstützen. Ansonsten würde man eventuell mit der Kraft der Beine den langen Hebelarm verbiegen. Die Fußstütze soll wahrscheinlich dem Piloten einerseits eine sensible Steuerung ermöglichen und andererseits Schäden durch die Kraft der Beine verhindern.

Auch die Beschleunigung muss man einbeziehen. Diese würde die Beine des Piloten nach unten drücken, aber so wird eine Abstützung der Beine garantiert.

## Die Bekleidung des Raumfahrers

Auf dem Bild erscheint der Raumfahrer halbnackt. In Wirklichkeit - auf der Grabplatte - wird er recht gut vor Kälte mit einem STRETCH-Anzug geschützt. Jedoch sind Hände und Füsse nackt, um sensibler mit der Fußsteuerung umgehen zu können, was meine Theorie der "primitiven Technik" untermauert.

Insbesondere die Ärmel dieses Anzuges verraten den Stretch-Anzug selbst. Die meisten enganliegenden Kleider haben Ärmel und Fersenschoner, die sich zusammenziehen. Nur so kann die Wärme des Körpers richtig gehalten werden. Auch um die Taille ist ein Zusammenziehen des Anzuges sehr wichtig.

Beim Betrachten der Sitzstellung des Piloten fällt auf, dass überall Hebel, Griffe und Schalter vorhanden sind. Ein normaler Anzug wäre extrem gefährlich, da der Pilot sonst ungewollt irgendeine Schaltung mit dem Stoff des Anzuges betätigen könnte. Der enganliegende Anzug verhindert diese Gefahr zwar nicht, aber minimiert sie sehr stark.

## Allgemeine Übersicht und Erklärungen

Das Bild, das Dr. Lhuiller angefertigt hat, ist einfach genial. Darauf sieht man sehr viel besser, was uns der Steinmetz der Grabplatte übermitteln wollte. Da sind mehrere Dinge abgebildet, die uns vorerst nicht wichtig erscheinen.

Auch die Stützen der Fußsteuerung muss man nochmals erwähnen, sonst kann der Pilot nicht sensibel genug steuern, falls er die Füsse nirgends abstützen kann. Dank dem langen Hebelarm (Fußlatte) lässt sich der kurze Schubumlenker (das Seitenleitwerk) exakt und mit einfacher Hebelkraft steuern.

Der einfache Sitz dürfte in diesem Fall zwar eine starke Behinderung darstellen, aber unmöglich ist es nicht.

Nicht zu vergessen, dass unsere chemischen, bemannten "Raketen" Beschleunigungswerte von ca. 60 $m/s^2$ haben. Diese kleine Kapsel dürfte wahrscheinlich mit maximal 12 - 18 $m/s^2$ beschleunigen. Das würde diese scheinbar irrsinnige Sitzstellung doch noch realistisch machen.

Ich kann mir nicht vorstellen, dass diese "bemannte Rakete" geradeaus in den Himmel sausen konnte. Bildschirme, die auf einen Computer schliessen lassen, sehen wir ja nirgends. Also wird keine computergesteuerte Steuerung vorhanden sein. Der "fußlenkende" Raumfahrer wird wohl oder übel stetig den Kurs korrigieren müssen.

**So muss zwangsläufig ein schlängelnder Aufwärtsfahren entstehen.** Nicht umsonst wurde die Stadt Palenque von den Maya "das Haus der himmlischen Schlange genannt".

Rechts: Die schlängelnde, himmlische Schlange.
Zeichnung von A. Maudslay.
Colorierung durch P. Peruzzi.

# Bildbeschreibung

### Linke Hand, Haltegriff mit Drehschalter
Nun, wenn man mit den Füssen lenkt und auf einem einfachen Sitz sitzt, dann muss man sich irgendwo festhalten. Vermutlich dient der Drehschalter im Haltegriff der linken Hand für die Schubregulierung.

### Rechte Hand
Man sieht sehr gut, wie der Pilot mit der Handfläche einen Schiebeschalter nach vorne schiebt. Früher war auch ich der Meinung, dass er einen Knopf zwischen den Finger dreht. Aber auf der Steinplatte ist diesbezüglich gar nichts zu erkennen.

### Fusssteuerung mit beiden, nackten Füßen
Man muss schon von Gott verlassen sein, wenn man so steuert. Aber das ist hier eindeutig und klar zu erkennen. Langer Hebelarm für die Füsse, kurzer Hebelarm des Schubumlenkers.

### Bewegliche Halterung dieses Gestelles
Wenn man die langen Hebelarme anschaut, dann müssen diese irgendwo in der Mitte abgestützt werden. Sonst klappert das ganze Gestell und bricht auseinander. Diese Halterung muss aber auf 2 Ebenen agieren, da der Schub auch auf 2 Ebenen gesteuert werden muss.

### Schluss des Kapitels
Wenn man nun das ganze Gestell anschaut, dann hat man das Gefühl, vor einem Bastelobjekt aus der eigenen Hausgarage zu stehen. Ganz bestimmt nichts Hervorragendes. Das einzig Hervorragende ist das Triebwerk. Vielleicht wurde es mit den restlichen noch vorhandenen technischen Mitteln irgendwo auf der Erde zusammengebastelt.

## Technische Beschreibung von Pierluigi Peruzzi-Damasco auf der Zeichnung von Dr. ALberto Lhuiller

- Haltegriff mit Drehschalter
- äusserst primitive Fuss-steuerung
- MAR-2008
- auf 2 Ebenen bewegliche Halterung der Fusssteuerung
- Sitz-regulierung wie beim Auto
- Hebel-achse
- Schubumlenker
- Bodenstützen

© 2008.03 Pierluigi Peruzzi-Damasco

# 1.5 Das Triebwerk der himmlischen Schlange

**Das Triebwerk von Palenque**

Das Triebwerk auf der Steinplatte des Sarkophags von Palenque stellt meiner Ansicht nach ein chemisch betriebenes Triebwerk dar. Die Darstellung des Steinmetzes ist für mich persönlich sehr eindeutig.

Die Genialität dieses Triebwerkes beruht meiner Meinung nach auf dem Prinzip des möglichst tiefen Brennkammerdruck und -Hitze, sowie des parallelen Schubs. Unsere heutigen Triebwerke haben einen Wirkungsgrad von ca. 30 %, aber dieses Triebwerk zeigt einen Wirkungsgrad von über 90 %!

**Als Beispiel möchte ich vorerst ein Auto mit einem Motorrad vergleichen:**

Ein **Motorrad** mit 150 cm$^3$ Hubraum, konzipiert für max. 2 Personen, hat 2 leichte Räder, einen leichten Motor, luftgekühlt, einen sehr leichten Sattel und nur die nötigsten elektrischen Einrichtungen. Es hat kein Radio, kein Dach und keine Scheibenwischer. Die Aufhängung, der Tank und das Chassis sind sehr leicht.

Ein **Auto** (PKW) mit 1500 cm$^3$ Hubraum, konzipiert für max. 5 Personen, hat 4 schwere Räder, braucht als **technisches Mitnamegewicht** einen schwereren Motor, mit schwerer Wasserkühlung, 5 schwere Sitze mit Gurten und hat eine komplizierte elektrische Einrichtung. Es hat ein Radio, ein Dach und Scheibenwischer. Die Aufhängung und das Chassis sind sehr schwer.

Das Personenverhältnis dieser 2 Fahrzeugen ist 2:5. D.h., das ist das Verhältnis der Personen, die mitfahren können. Auf dem Motorrad 2 und im Auto 5. Aber das Gewichtsverhältnis ist z. B. 200 kg : 1400 kg. Also 2:7.

In Bezug auf das Motorrad müsste es aber 200 kg zu 1000 kg sein. D.h. wir haben hier 400 kg zusätzliches, technisches Mitnamegewicht. Dach, Scheinbewischer, Elektrik, Wasserkühlung, 2 zusätzliche Räder, **die nötige Mehraufhängung** usw. usw..

Im Auto sitzen wir jedoch drinnen gemütlicher und stabiler. Das Auto schlängelt nicht auf der Strasse. Beim Motorrad kann man das Schlängeln erst ab einer bestimmten Geschwindigkeit aufheben.

## Die Tanks

Beginnen wir nun bei den Tanks. Zuerst analysieren wir zusammen den Unterschied zwischen einem superleichten Tank für flüssigen Brennstoff und einen sehr schweren Tank für Gastreibstoff.

Wie wir auf dem Bild (unten) aus meinem Garten erkennen können, ist ein Gastank sehr solide gebaut und der Flüssigkeitstank ist leichterer Bauweise.

Wenn man dann in der Rechnung mit einbezieht, dass wir 2 Arten von Treibstoff mitnehmen müssen, um sie dann in der Brennkammer zu vermischen, dann verdoppelt sich dieses Gewicht. D.h., dass das technische Mitnamegewicht der Flüssigkeitstanks um ein vielfaches niedriger ist als dasjenige der Gastanks.

Links: Ein Bild aus meinem Garten. Die zwei verschiedenen Tankarten: Flüssigkeitstank und Gastank. Man kann sich gut vorstellen, dass sich das technische Mitnamegewicht dieser 2 Tankarten voneinander sehr unterscheidet.

**Gastank**

Ist zum Beispiel das Gasgewicht 12 kg, dann ist das Tankleergewicht, wegen seiner starken, schweren Wände, auch ca. 12 kg (je nach Gasart und -Druck natürlich).

**Flüssigkeitstank**

Bei einem Flüssigkeitstank und bei einem Gewicht von 10 kg Flüssigkeit, brauchen wir nur noch etwa 0.5 kg Tankleergewicht, da der Flüssigkeitstank dünne, leicht biegsame Wände hat. Ob diese aus Metall, Plastik oder ein anderes Material seien, lassen wir einmal offen.

Oben: Ein altes Foto der Grabplatte, wo man noch nichts verfälscht und verwischt hat. Hier sieht man sehr gut die 2 "Benzinkanister" die als Tanks dienen sollen.

## Das Triebwerk selbst

Wenn man das obige Foto der Steinplatte mit dem aktuellen Triebwerksschema vergleicht, dann merkt man sehr rasch, dass diese zwei Triebwerksarten praktisch nichts Gemeinsames haben. Das einzig Gemeinsame ist die chemische Verbrennung zweier Treibstoffe.

Das Triebwerk von Palenque ist somit ganz klar NICHT ein "von Braunsches Triebwerk". Aus diesem Grund müssen wir uns von der heutigen Raketentechnik komplett distanzieren.

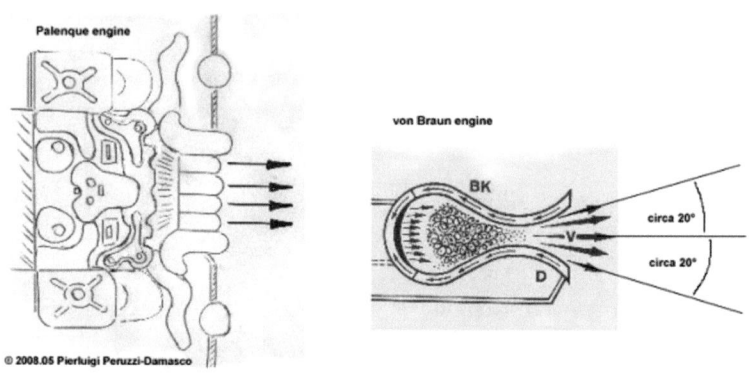

Im Bild oben sieht man sehr gut, dass das "vonbraunsche" Triebwerk sehr viel Schubkraft durch den ungenauen Ausgang der Gase verliert. D.h. sehr viel Schub geht nach links und rechts verloren, statt in der richtigen senkrechten Richtung zum Raumschiff.

Das Palenque-Triebwerk ist hingegen vollkommen anders konzipiert worden. Wie man auf dieser Skizze sieht, verlassen die Schubgase des Palenque-Triebwerkes die Schubdüsen parallel. D.h., die vektorielle Schubkraft verläuft - im Gegensatz zu unseren "vonbraunschen" Triebwerken - fast 100%ig in die gleiche Richtung.

Das bedeutet zwangsläufig, dass wir mit viel, viel weniger Schub auskommen können und das technische Mitnamegewicht der Treibstoffe nochmals gesenkt werden kann. Dies multipliziert sich.

Stellen sie sich vor, sie müssten das Doppelte an Treibstoffe mitnehmen. Dann müssten Sie auch das doppelte an Schub haben um das Mehrgewicht der Treibstoffe nach oben zu befördern. Was wiederum heissen würde, dass Sie ein schwereres Triebwerk haben müssten. Aber dann müssten Sie noch mehr Treibstoff haben, um das Mehrgewicht des Triebwerkes nach oben zu befördern. Ein Teufelskreis des Mehrgewichtes, das nie endet.

## Die klaren Vorteile des Triebwerkes von Palenque

Diese Maschine wird auch chemisch angetrieben, aber ist unter komplett anderen Voraussetzungen konzipiert worden.

- geringer Schub
- langdauernder Schub
- geringer Druck in der Brennkammer
- möglichst wenig Temperatur in der Brennkammer
- sehr leichtes, spartanisch eingerichtetes Raumschiff

Natürlich alles im Verhältnis zu unseren heutigen "vonbraunschen Triebwerken".

## Die klaren Nachteile des "vonbraunschen" Triebwerkes

Der starke Druck in der Brennkammer ist ein Hindernis für die Treibstoffzufuhr. Das bedingt sehr starke Turbinen-pumpen, die **als technisches Mitnamegewicht** nicht unbedingt interessant sind.

Zudem entwickelt ein mit Gas angetriebenes Triebwerk sehr viel Hitze. Diese muss durch ein schwereres Kühlsystem abgebaut werden. Dieses Kühlaggregat ist ein weiteres, unnötiges, technisches Mitnamegewicht und das wollen wir uns auch ersparen.

Die starke Hitze erzeugt sehr viel Rückstossdruck. Der starke Druck in der Brennkammer bedingt sehr starke und schwere Wände der Brennkammer selbst, die diesem Druck standhalten müssen. Auch dieses Gewicht muss mitgenommen werden.

All diese unnötigen, schweren Vorrichtungen muss man eben mitnehmen. Jedoch nicht beim Palenque-Triebwerk.

## Details zum Triebwerk von Palenque

Vorerst ein Grundschema von mir:

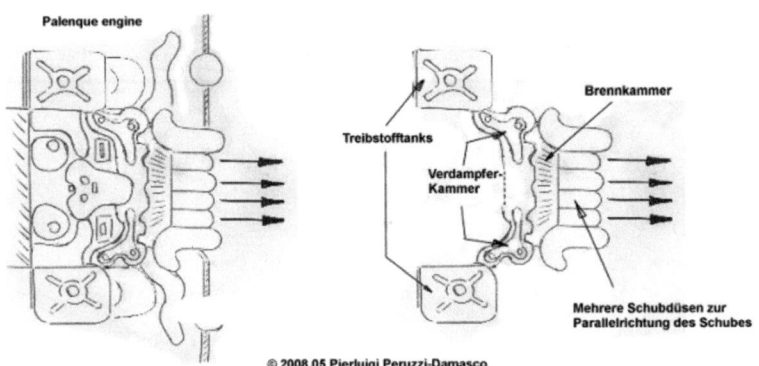

Die obigen Schemata zeigen das effektive Triebwerk von Palenque, wie es auf der Grabplatte abgebildet und von mir erkannt wird.

**Rechtes Bild (Seite 27):**

- Der flüssige Treibstoff fliesst vom Tank A, durch die Leitung L1, direkt in die Kolbenpumpe A.
- In der Kolbenpumpe wird die Flüssigkeit unter Druck gesetzt. 60 -120 bar sollten genügen.
- Danach fliesst der Treibstoff (unter Druck) durch die Leitung L2 in die Verdampferräume. Diese befinden sich auf der Hauptplatte der Brennkammer und verdampfen durch die Hitze des Triebwerkes.

**Die Verdampfung des Treibstoffes kühlt die Hauptplatte!**
Beim Verdampfen sollte ein Dampf-Druck in der Verdampferkammer von mindestens 10 - 12 $kg/cm^2$ entstehen. Dies ist zu wenig um "nach Hinten los zu gehen" und genug, um in die Brennkammer zu gelangen. Natürlich kann es auch ein höherer Druck sein.

In der Brennkammer selbst sollte ein dauerhafter Druck von circa 4 - 6 $kg/cm^2$ "nach oben" entstehen. Schwer zu bewerkstelligen, da unten alles offen ist. Da durch die parallelen Auslass-Düsenzylinder der Druck nach unten nicht nach allen Seiten entweichen kann, sollte ein genügend starker Druck auf die obere Pfanne möglich sein.

**Und nun rechnen wir:**
40 cm soll die Öffnung unten am Triebwerk sein und somit ist es nach oben gesehen ein Kreis von 40 cm, der den Druck auf der Platte erzeugt. Das ergibt ca. 1250 $cm^2$. Wenn man darauf stetig mit 4 kg/ $cm^2$ stösst, dann ergibt dies ein Gesammtdruck von 5000 kg! (Natürlich bei einem unrealistischen Wirkungsgrad von 100%).

**Volle Formel: 20cm x 20cm x Pi x 4kg/$cm^2$ = ca. 5'000 kg Schub.** Aber bereits 3000 kg Schub würden genügen um dieses Flugobjekt weit nach Oben zu befördern!

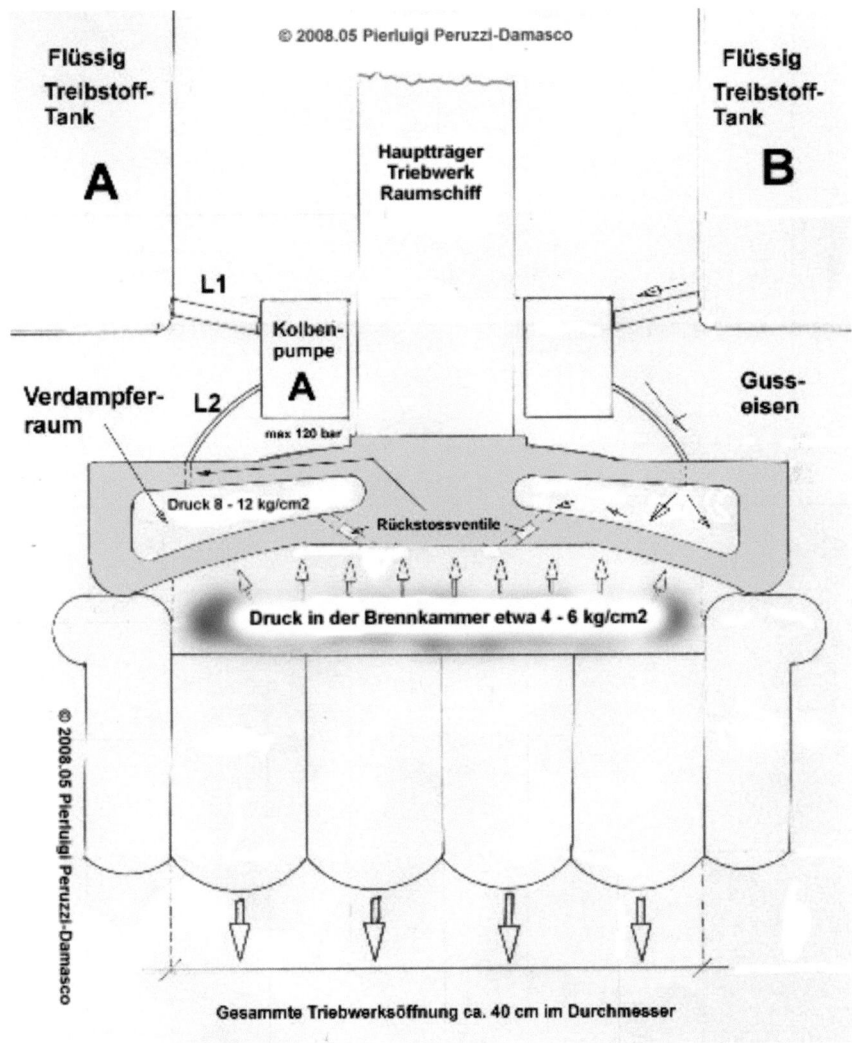

***Zitat von Ferdinand Graf von Zeppelin***
*"Für mich steht naturgemäß niemand ein, weil keiner den Sprung ins Dunkel wagen will. Aber mein Ziel ist klar und meine Berechnungen sind richtig".*

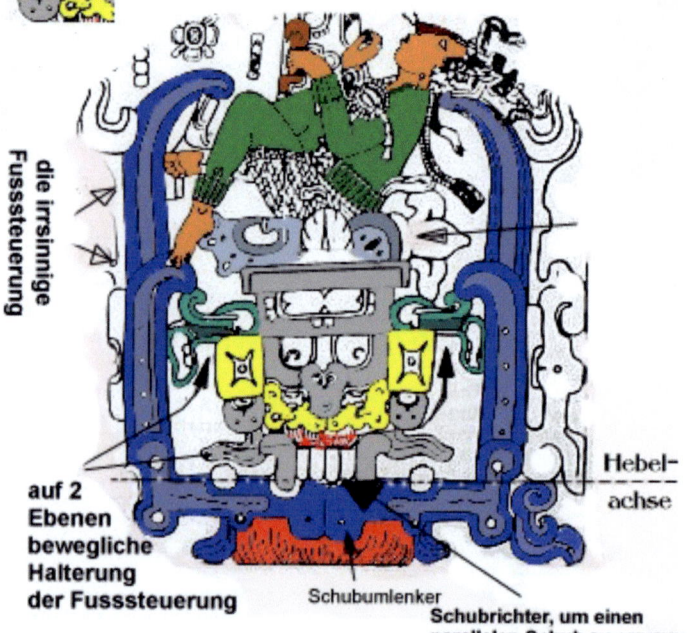

**Statt Raumschiff müsste man es vielleicht Raumgummiboot nennen.**

Wenn man nun das ganze Gestell anschaut, dann hat man das Gefühl, vor einem Bastellobjekt aus der eigenen Hausgarage zu stehen. Ganz bestimmt nichts Hervorragendes. Das einzig Hervorragende ist das Triebwerk. Wirklich einmalig. Vielleicht wurde es mit den restlichen noch vorhandenen technischen Mitteln irgendwo auf der Erde zusammengebastelt.

Vielleicht war aber das Triebwerk "noch" vorhanden und man hat auf dieses "aufgebaut". Das heisst, dank dem noch vorhandenen Triebwerk war es möglich geworden, wieder ins All zu kommen.

Das erinnert mich an "Etana", der Hirte der zum Himmel flog, um das Gebärkraut (Kraut = Medizin) für seine Frau zu holen. Etana soll dabei abgestürzt sein. (siehe Gilgamesh Epos).

## Die Spezies "Mensch"

Ich bin immer mehr überzeugt, dass die sogenannten Besucher oder Götter aus unserem eigenen Sonnensystem stammten und infolge des "Erkalten" der Sonne sich "nach vorne" begeben haben. Demnach aber müsste die Spezies "Mensch" auf einem anderen Planeten oder Mond des Sonnensystem sich entwickelt haben. Wie zum Beispiel in meiner Atlantis-Theorie im Kapitel 8 dieses Buches.

Eventuell könnte aber die Spezies "Mensch" sich auf der Erde entwickelt haben und nach einer gewaltigen Naturkathastrophe ins Steinzeitalter befördert worden sein. Die Wenigen, die damals überlebt haben, waren vielleicht in der Umlaufbahn beschäftigt. Wer weiss?

Bei der Entstehung dieser Grabplatte dürfte das Flugobjekt schon seit geraumer Zeit nicht mehr existiert haben. Vielleicht schon seit Jahrhunderten. Da Druckfotos sehr schnell verblassen, dürften auch damals Fotos nicht mehr vorhanden gewesen sein. Vielmehr vermute ich, dass da noch technische Zeichnungen auf langlebigem Papier im Umlauf waren. Leider hat der katholische Klerus damals ziemlich alles verbrannt, was er in die Hände bekommen hat. So wurden die letzten Beweise eliminiert.

# 2. BORD TIME

**Bitte einsteigen**

Um bei den möglichen Flugobjekten der Antike zu bleiben, machen wir einen kurzen Sprung nach Ägypten. Denn wenn es Flugobjekte gegeben haben soll, dann müssten diese auf der ganzen Welt sichtbar gewesen sein.

Im oberen Teil des nachfolgenden Bildes sieht man die Deckenmalerei des Hathor Tempels in Dendera, Ägypten. Im unteren Teil des Bildes sehen wir "Bord Time". Also jener Moment, wo die Passagiere in die Verkehrsmaschine einsteigen müssen.

**Mir fallen folgende Gemeinsamkeiten auf:**

- Der altbewährte Trolley (Rollkoffer) ist sehr gut zu sehen.
- In der Deckenmalerei (oben, ganz rechts) sehen wir den Mann, der dem Flugzeug zuwinkt. Also derjenige vom Bodenpersonal, der den Piloten die Rollanweisung gibt. Auch ganz unten links, ist der Verkehrsleiter am Boden, der den Piloten zuwinkt, sehr gut zu erkennen.
- Das Auge des Vogelkopfes in der Deckenmalerei kann ohne weiteres die Cockpitscheiben darstellen, denn das ist das Sichtfenster der Piloten.
- Das man in einem Flugzeug auf dem Rollfeld über eine Treppe steigt, sollte jedermann klar sein. Das dürfte früher nicht anders gewesen sein.

## Das Hangartor

Das weitere Bild veranschaulicht sehr gut, dass es sich **nicht** um ein Portal handelt, sondern um ein einfaches Hangartor und der Mann ganz rechts auf der Deckenmalerei winkt dem Piloten zu, nach vorne zu rollen. Die Passagiere müssen warten und stehen bereits auf der Treppe.

Aber natürlich (lach) alles nur Zufälle

## Schlusswort zum Kapitel

Ich habe diese Bilder aus Ägypten mit voller Absicht in diesem Buch aufgenommen, das sich grundsätzlich mit den Maya befasst.

Sinn und Zweck dieses Kapitels ist die Präastronautik zu untermauern. Denn wenn es auf Yucatan eine "himmlische Schlange" (im AT Feuerwagen des HERRN genannt) gab, dann müssen zwangsläufig auch in anderen Teilen der Erde Flugkörper gesichtet worden sein.

Was mich hier stört, ist die Grösse dieser Flugobjekte. Aber wenn man die Pisten von Nazca betrachtet, dann kann diese Grösse ohne weiteres existent gewesen sein.

# 3. Maya-König Pakal vs. römisch-griechischen Gott Apollon

**Der Maya-König Pakal**

Unten: eine Zeichnung von Alfred Maudslay, ein britischer Forscher, zeigt die Altarplatte des Sonnentempels in Palenque.

Oben: Altarplatte des Sonnentempels. Angepasstes Bild von L. Schele oder Maudslay.

## Der griechische Gott Apollon

Und nun machen wir einen gewaltigen, geschichtlichen Sprung zur römischen und griechischen Gottheit Apollo(n).

Oben: 1968 gefundene Platte im Apollon-Tempel in Rom

## Gegenüberstellung der historischen "Sagen" über diese 2 Gottheiten

Das Bild des Apollotempels auf dem Paladin stimmt mit dem Bild auf der Altarplatte des Sonnentempels in Palenque im Grossen und Ganzen überein.

Aber es sind weitere Zufälle zu verzeichnen. Man könnte auch verschiedene Interpretationen daraus herleiten. Aber jedem das Seine. Wir leben ja in demokratischen Staaten und somit darf jeder seine eigene Schlüsse ziehen und seine eigene Meinung äussern.

Nur diejenigen, die auf gar keinen Fall eine höhere technische Zivilisation vor unserer Zeit haben wollen, werden jammernd Aluhüte verteilen.

| Apollon | Pakal |
|---|---|
| Die Gottheit Apollon dürfte etwa 700 - 2'500 v.Chr. gelebt haben. | Gottkönig K'inich Janaab Pakal hat exakt 603 bis 685 n.Chr. gelebt. Somit kann es zwischen diesen 2 Personen keinen Zusammenhang geben. |
| Die 3 Bilder des Apollotempels auf dem Paladin stimmen mit 3 Bildern der Altarplatte in Palenque im Grossen und Ganzen überein. Es fehlt jedoch das wichtigste Bild. Nämlich eine uralte, saubere Darstellung des Himmelswagen von Apollon. | Die 4 oben vorgestellten Bilder sprechen Bände. Das letzte Bild des Sonnengottes aus beiden Kulturen lässt etliche Fragen offen. Das ist wahrscheinlich ein Zufall oder ergibt sich als vorprogrammierte Konsequenz der menschlichen Psyche. |

| | |
|---|---|
| Die Mutter von Apollon, "Leto" (römisch Latona), eine Geliebte von Zeus, musste auf einer Insel versteckt werden, da Apollon unehelich war und Zeus' Ehefrau Hera stark Eifersüchtig gewesen sein soll. | Verblüffend ist die Tatsache, dass man den Vater von Gottkönig K'inich Janaab Pakal nicht wirklich kennt und das seine Mutter "Ix Sak K'uk'" (auch Muwaan Mat genannt) plötzlich Regentin wird. Sie war ja nicht einmal die Tochter eines Königs. Mutter und Sohn befanden sich auf der Halbinsel Yukatan. Insel <-> Halbinsel? |
| Apollon und Leto stammten wahrscheinlich aus der Umgebung des Nahen Orients oder Mesopotamien. | K'inich Janaab Pakal und seine Mutter hatten verblüffenderweise eine griechische Nase. Ein wahrer Zufall bei den Maya. |
| Die Kinder von Apollon wurden als Halbgötter bezeichnet und verehrt. | Die Kinder von K'inich Janaab Pakal wurden als Halbgötter bezeichnet und verehrt. |
| Apollon soll im Jünglingsalter oder gar Kinderalter die Schlangengöttin Python getötet haben. | Die Maya nannten die Stadt Palenque Na-Can-Caán, oder "Haus der himmlischen Schlangen". Wieder ein Zufall. |

Oben, Apollon in der Mitte mit Lorbeerkranz.

Unten, Pakal in der Mitte mit Zepter.

## Schlussfolgerungen

Die griechische Gottheit Apollon dürfte irgendwann zwischen 700 - 2'500 v.Chr. gelebt haben. Natürlich falls Apollon überhaupt als "sagenhafter Mensch" je existiert hat. Ganz anders aber der Gottkönig K'inich Janaab Pakal. Dieser hat exakt 603 bis 685 n.Chr. gelebt.

Es ist aber auch möglich, dass man auf der Grabplatte selbst nicht den König abgebildet hat, sondern eine frühere Gottheit. Genauso wie auf den christlichen, katholischen Gräbern, auf denen man Engel und Jesus Christus abbildet.

Der einzige Zusammenhang liegt in der starken Ähnlichkeit der Bilder.

Eine ganz schwache Möglichkeit besteht darin, dass die Maya einen kleinen Teil der griechischen Mythologie übernommen haben. Aber wie konnte das überhaupt geschehen? Amerika war ja noch nicht (wieder) entdeckt worden.

Leider haben wir Christen in den ersten Jahrhunderten alle Apollon-Tempeln zerstört und in Südamerika alle Maya-Bücher verbrannt. Nur kaputte Steine haben wir übriggelassen.

Aber auch Steine können reden, wenn man sie wieder zusammensetzt.

# 4. Drei verschiedene Götter stiegen ins Totenreich hinab

**Zufälle?**

Ein Gott der Maya-Kultur, eine Hauptgöttin der Sumerer und Jesus Christus stiegen für 3 Tage ins Totenreich hinab. Sind das Zufälle?

Was ich wirklich damit sagen will, möchte ich in der Folge genauer erklären. Natürlich folgen dann daraus subjektive Betrachtungsweisen. Aber sind die bekannten religiösen Aussagen und Interpretationen objektiver?

Dass eine sumerische Gottheit und Jesus Christus ins Totenreich hinabstiegen, verwundert niemand, denn diese beiden Religionen sind verwandt. Aber dass eine Maya-Gottheit aus dem Totenreich die Welt errettet hätte, lässt einige Fragen offen.

Wichtige Bemerkungen: Der Autor dieser Seite verzichtet auf Zitierungen, da die heutigen Zitierungen meist redundant sind. In anderen Worten: Falls man die heutigen Zitierungen weiter verfolgt, so dreht man sich im Kreis. Meist kommt nichts Relevantes hervor. Zudem verändern sich zur Zeit die Geschichtsbücher im horrendem Tempo. So habe ich diese Seite mit der Erkundung von europäischen und zentralamerikanischen Internetseiten erstellt und dank dem heutigen Internet und den Suchmaschinen könnt ihr sehr leicht selbst nachrecherchieren und kontrollieren.

## Die 3 Gottheiten kurz zusammengefasst

INANNA, Vorsteherin der Annuna-Gottheiten der Sumerer, ist ins Reich der Toten abgestiegen und nach 3 Tagen wieder auferstanden.

JESUS CHRISTUS, Sohn Gottes, stieg in menschlicher Gestalt auf die Erde herab und starb, um sie zu erlösen. Nach seinem Tod ist er ins Reich der Toten abgestiegen und am 3. Tage wieder auferstanden.

HUN AHAU, Gott des Todes der Maya-Kultur, stieg in menschlicher Gestalt auf die Erde herab und starb, um sie zu erlösen.

## Inanna

Inanna, Kind von Ningal und Nanna, steigt ab ins Reich der Toten, um nach 3 Tagen wieder aufzuerstehen. Sie war Chefin der Anunna-Gottheiten.

Inanna war die Göttin des Himmels und der Erde, wollte aber auch die Unterwelt beherrschen. Sie legte ihren Schmuck und die königlichen Gewänder an. Bevor sie ging, schärfte sie ihrer Dienerin Ninšubura ein: "…wenn sie nach drei Tagen nicht zurückkehre, in der Versammlungshalle der Götter eine Klage für sie anzustimmen. Dann solle sie nach Nippur gehen und Enlil um Hilfe bitten, damit Inanna nicht in der Unterwelt auf ewig verbleibe. Sollte Enlil dies ablehnen, solle sie Nanna um Hilfe bitten. Wenn dies ebenfalls nichts bringt, solle sie Enki um Hilfe bitten, der das Lebenswasser kenne und ihr gewiss zur Hilfe kommen werde".

Drei Tage und drei Nächte wartete Ninšubura vergebens auf die Rückkehr Inannas. Daher ging sie nacheinander zu den Göttern Enlil, Nanna und Enki und bat um Hilfe. Nur Enki aber erhörte sie.

## Jesus Christus

Auch Jesus stieg hinab ins Reich der Toten, um am 3. Tag wieder aufzuerstehen.

## Hun Ahau

Dr. Alberto Ruz Lhuillier benannte ihn: "Cizín" (Kizin); Bischof Diego de Landa benannte ihn "Uac Mitum Ahau"; Eric Thompson "Chac Mitum Ahau". Oft findet man auch die Bezeichnungen "Hun Ahau", "Yum Cimil" (Yum-Kimil) (Herr des Todes) oder auch Ah Puch.

Der Maya-Gott HUN AHAU oder auch "Uac Mitum Ahau" war der Herrscher über Mitnal, das Reich der Toten **und nicht wie oft verwechselt über Xibalba**, das in etwa unserem Fegefeuer entspricht. Hunahau ist der finstere Gott des Todes und die Personifikation der Finsternis. Er opferte sich, indem er starb und ins Reich der Toten (Mitnal) hinabstieg, um danach wieder aufzuerstehen. Die Gläubigen brachten ihm Opfer, um ihr Leben zu verlängern.

Ah Puch oder Hun Ahau soll das Gegenteil von Itzamná sein. Gott Itzamná war der Gründer der Maya-Kultur. Er wird auch "Gott D" genannt und trägt den Titel "Herr des Wissens". Er brachte seinem Volk Mais und Kakao und lehrte ihnen das Schreiben, die Heilkunde und den Gebrauch des Kalenders.

Der Name "Itzamná" hat eine starke Ähnlichkeit mit dem Namen Inanna (sumerische Göttin), die ins Totenreich hinabstieg um sich mit dem Gott des Todes auseinandersetzte. Zufall?

## Fazit

Dass die Bibel (das Alte Testament) nichts anderes als eine verbesserte, monotheistische Version der sumerischen Religion darstellt, ist bereits bekannt. Etwas anderes behaupten zu wollen, kann man heute als religiöses Wunschdenken betrachten.

2 der obigen Götter sind ins Reich der Toten hinab gestiegen, um die Welt zu erlösen. Eine Göttin hingegen um das Reich der Toten unter ihre Kontrolle zu bringen. Was an sich dieselbe Wirkung gehabt hätte.

Da bleibt einfach die subjektive Frage im Raum: Was hat eine Maya-Gottheit mit der sumerisch-christlichen Religion zu tun? Ein Zufall?

# 5. Das verlorene Eisen der amerikanischen Kulturen

**Der Zerfall einer uralten Kultur und der Verlust des Eisens**

Eine differenziertere Betrachtung der mittel- und südamerikanischen Kulturen.

Oben: Bild von Palenque in Mexiko von Frederik Catherwood, ca. 1840

In dieser Theorie will ich nicht eine uralte, prähistorische und hochtechnisierte Kultur in Abrede stellen. Ob dann diese Kultur Atlantis, Lemuria, Mu oder wie auch immer geheissen haben soll, ist nicht Bestandteil meiner vorliegenden Theorie. Es könnten auch Astronautengötter gewesen sein, oder auch nicht. Aber hier möchte ich den Ursprung (oder Quelle) einer alten Kultur und ihren Zerfall analysieren. Meine alternative Analyse lässt bewusst die Namen der historischen Personen ausser acht. Denn jeder dieser Personen war nur ein kleines Rädchen seiner Geschichte, die den Zerfall nicht verhindern konnte.

Oben: Bild von Palenque in Mexiko von Frederik Catherwood, ca. 1840

**Vorerst eine krasse Zerfallsannahme als Beispiel**

Nehmen wir einmal an, dass eine Naturkatastrophe, eine Sintflut oder ein Atomkrieg ca. 90% der Weltbevölkerung auslöschen würde.

**Was wären die kulturellen und sozialen Folgen?**

Ganz bestimmt würden Industrie und Wirtschaft nicht mehr vorhanden sein. Neue Flugzeuge, Autos und Computer könnten nicht mehr hergestellt werden. Die restlichen 10% der überlebenden Menschen würden das, was noch vorhanden ist "aufbrauchen". D.h. die noch funktionierenden technischen Geräte wären nach höchsten 50 - 100 Jahren aufgebraucht. Anders hingegen die herumliegenden Metalle, Stoffe, Bilder, Zeitschriften, Möbel und sonstiges Gerümpel. Dieses würden vielleicht noch 200 - 500 Jahre lang "bestehen". Dann aber würden es Rost, Insekten, Bakterien und Würmer definitiv zerfressen und eliminiert haben. Was übrigbleibt sind Steine. Diese bleiben eine Ewigkeit als Zeugen geschichtlicher Ereignisse bestehen.

Zudem würde das noch vorhandene Metall, Werkzeuge, Fahrzeuge, metallenen Baumaschinen usw. eingegossen werden. Spaten, Schaufeln, Pickel, Messer und Schwerter würden daraus hergestellt werden. Diese wiederum wären dem Rost ausgesetzt, so dass nach einem Jahrtausend gar nichts übrigbleiben würde.

Um zu den ehemaligen Bildern zurück zu kommen, die damals bestimmt existiert haben, muss man noch erwähnen, dass zuerst die Fotos, danach die gedruckten Bilder und Zeitschriften verblassen würden. Dann erst beginnt die "Auflösung" der gut gelagerten Zeichnungen auf Papier. Diese dürften einige hundert Jahre länger existierten.

**Ein Beispiel des schrittweisen Zerfalls einer Hochkultur: Machu Picchu** (auch Matchu Pitchu genannt**)**

In Machu Picchu, das zwar nicht Bestandteil der Mayakultur ist, kann man sehr gut die 3 Geschichtsperioden des Zerfalls sehen. Während die Basis der Gebäude mit grossen, exakten Steinen aufgebaut wurde, ist in den obersten Lagen mehr oder weniger Bastelarbeit auszumachen.

*Oben: Free Fotos von Machu Picchu von www.OceansArt.us*

Oben: Free Fotos von Machu Picchu von www.OceansArt.us

Auch auf dem obigen Foto sehen wir ganz klar mindestens zwei kulturell grundverschiedene Zeiten. Unten sind die exakt geschnittenen Steine vorhanden, die fast jedem Erdbeben standhalten. Oberhalb dieser Schicht finden wir dann eine gute, aber doch mittelalterliche Bauweise.

Wie weit aber der Zerfall wirklich war, veranschaulichen die nächsten beiden Bilder aus Sacred Valley (Peru). Diese Bauwerke aus hartem Stein können ausschliesslich unter Benutzung von Metallwerkzeugen entstanden sein. Da jedoch, als Beispiel, die geographisch verwandte Kultur der Maya im Mittelalter kein Rad und kein Metall hatte, kann man hier nur von einer technischen Degenerierung sprechen.

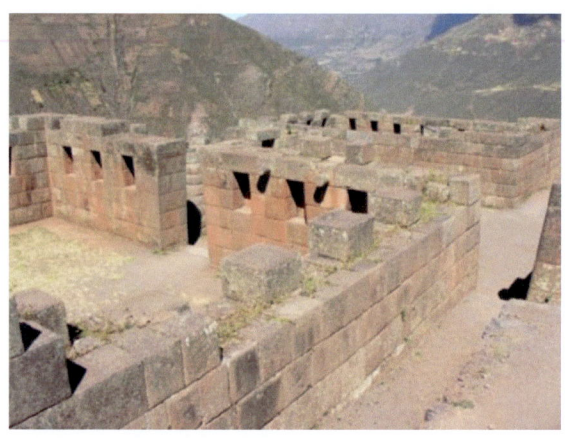

*Oben: Free Fotos von Machu Picchu von www.OceansArt.us*

Was aber bereits in der Fachwelt der Präastronautik seid Jahren durchdiskutiert wird ist die Frage: Wie konnte man so schwere Steine so exakt anpassen?

Mit Metallwerkzeugen auf jeden Fall, aber ohne Maschinen? Kaum möglich.

## Die Grabplatte von Palenque

Als weiteres Beispiel sei der Sarkophag von Palenque genannt. Die Grabplatte aus hartem Stein wurde ganz bestimmt mit metallenen Meisseln gefertigt. Aber auch diese befand sich zuunterst am Bauwerk. Also in jenem Teil der Pyramide, das zuerst erbaut worden ist.

## Das Auftauchen der Spanier

Als dann die Spanier auftauchten, verliessen die Maya zu Tausenden Ihre Städte und stellten sich freiwillig in den Dienst der Spanier und wechselten sofort ihre Religion. Dabei waren die Spanier in Mexiko eindeutig in der Minderzahl, aber die Maya leisteten nur vereinzelt Widerstand. Palenque ist einer der besten Beispiele dafür. Die Spanier machten sich nicht einmal die Mühe, die leere, verwachsene Stadt zu suchen und zu zerstören.

## Was hatten die Spanier besser als die Maya?

Sie hatten eine menschlichere Religion, das Metall, die Räder und ein brauchbares Alphabet. Überdies hatten die Spanier ein gerechteres Rechtssystem als die Maya, wenn wir die Inquisition ausser acht lassen.

**Fazit**

Nachdem den Maya und Inkas das Metall ausgegangen war, kam Ihre Kultur zum Stillstand. Ja, es gab sogar 2 Schritte der technischen Degenerierung. Das sieht man in der geographisch verwandten Stadt Machu Picchu besonders gut.

In anderen Worten frage ich Euch: Woher kamen in den Anfängen dieser mittel- und südamerikanischen Kulturen die Metallwerkzeuge für die Steinverarbeitung her?

**Eine Antwort ist bestimmt falsch: "Die Maya kannten das Eisen nicht."**

Die richtige Antwort müsste heissen: "Die Maya kannten das Eisen nicht mehr."

Aber das Wörtchen "mehr" bedeutet, eine noch höher entwickelte Kultur vor den Maya zu akzeptieren.

Selbst die Antwort: "Man weiss es heute noch nicht." ist eine faustdicke Notlüge, denn die geformte Steine "reden" Klartext.

# Kapitel 6

# Titan

Die Lokalisierung der früheren
Hochkultur der Menschen
aus einer neuen Perspektive

*TITAN, Mond des Saturns, NASA-Aufnahme, Sonde Cassini*

## Einleitung

Der Saturnmond Titan ist zusammen mit der Erde einer von zwei Objekten des Sonnensystems mit einer Stickstoffatmosphäre. Die Existenz von Methanmeeren und anderen biologischen Stoffen auf dem Titan legen nahe, dass dort früher erdähnliche Verhältnisse existiert haben könnten. Für mich persönlich sind dies sogar sehr starke Indizien, die diese erdähnlichen Verhältnisse eindeutig nachweisen.

Nun müssen wir uns mit den Sagen befassen, denn wenn es eine frühere Hochkultur gegeben haben sollte, dann müssten zumindest Sagen und Märchen vorhanden sein.

## Die Sage von Atlantis

Atlantis selbst habe ich immer als ein mystisches Märchen betrachtet. Die Vorstellung eines ehemals existierenden Kontinentes voller Menschen, der in den Fluten des Meeres versunken sein soll, war für mich rational nicht fassbar und schlichtweg nicht glaubhaft. Mit den Jahren konnte ich immer mehr Informationen dazu zusammentragen und mich entsprechend informieren, so dass ich die Möglichkeit der ehemaligen Existenz von irgend Etwas, dass eine frühere Hochkultur hätte darstellen können, nicht mehr so einfach ignorieren konnte. In diesem Kapitel nenne ich diese frühere Hochkultur einfach Atlantis.

Ich wollte jedoch nie in eine irrationale Denkweise verfallen, die von reiner Phantasie geprägt ist. Vielmehr wollte ich meine eigene Hypothese über den Verbleib bzw. die Lokalisierung von Atlantis an harten Fakten wie steinernen Überbleibseln, wissenschaftlich fundierten Erkenntnissen und der Heranziehung alter Mythen aus aller Welt orientieren.

Ich kam zum Schluss, wie auch andere Sachbuchautoren vor mir (z.B. Jakob Vorberger, Dieter Bremer u. a.), dass Atlantis ausserhalb der Erde zu lokalisieren sei. Mein Weg zu dieser Erkenntnis wird Ihnen auf den folgenden Seiten dargelegt.

Ich möchte noch meinen Ausführungen voran stellen, dass ich die Lokalisierung von Atlantis auf dem Saturnmond Titan nicht an dem mythologischen Hinweis fest mache, dass Atlantis ein "Titan" gewesen sei. **Die Bezeichnung "Titan" für den Saturnmond, der erst am 25. März 1655 durch den Astronomen Christiaan Huygens für die heutige Zeit entdeckt wurde, beruht auf reinem Zufall.**

Ebenso halte ich die momentan gängigen Theorien zur Entstehung und Entwicklung des Lebens auf der Erde für falsch. Ganz bestimmt können auch ältere Planeten noch vor der Erde mit dem Kambrium begonnen haben.

Der kleine Planet namens Erde kann in der sachlichen Wissenschaft keine Vorzugsbehandlung erhalten. Dies steht im kompletten Widerspruch zur mathematischen Wahrscheinlichkeitsrechnung. Die Behauptung, nur auf der Erde könne Leben entstanden sein, ist rein psychologisch und religiös zu betrachten.

Um den Astronauten von Palenque zu verstehen, brauchen wir auch eine Basisstation. Also einen Ort, von dem er auch abstammt oder startet und landet. Da eignen sich verschiedene Theorien, wie die von Atlantis, Lemuria, Nibiru, Midgard oder sogar Grönland.

Ich gebe meiner nachfolgenden Theorie 40 % Chancen richtig zu sein. Aber auch Grönland, dass sich hinter den Säulen Herakles befindet, gebe ich weitere 40 %, Atlantis zu sein. Denn **Grönland war einst ein blühender Garten. Das bezeugen die riesigen Vorkommen an Steinkohle.**

Wobei auch der Raumstation von Dieter Bremer (deutscher Sachbuchautor) gebe ich eine weitere Chance. Aber in diesem Kapitel meines Buches möchte ich ausschliesslich Titan behandeln.

## Atlantis im Saturnsystem?

Nachdem Joseph von Fraunhofer vor fast 200 Jahren, nämlich 1813, die ersten Spektralanalyse durchgeführt hatte und dann R. Bunsen und G. Kirchhoff im Schlusswort ihrer 1860 erschienenen ersten gemeinsamen Abhandlung über die "*Chemische Analyse durch Spektralbeobachtungen*" dieser Technik den richtigen Start ermöglichten, wissen wir, dass es eine Riesenmenge Methan auf Titan gibt.

Methan ist ein Abfallprodukt biologischer Lebewesen und kann nur in geringsten Mengen vulkanisch hergestellt werden.

Immer wieder bringen die religiösen Gegner dieser Theorie den Einwand ein, Methan könne auch einen nicht biologischen Ursprung haben. In der Tat konnte es in Labors künstlich hergestellt werden, jedoch mit phantasievollen Konstrukten. Ausserdem sind auf Titan Spuren verschiedener anderen organischen Verbindungen vorhanden, wie z.B. Ethan, Propan, Ethin, Cyanwasserstoff, Kohlenstoffverbindungen und verschiedene polyzyklische aromatische Kohlenwasserstoffe. *(Quelle Wikipedia & NASA)* Diese müssen ebenfalls einen Ursprung haben.

Falls ich Recht haben sollte, dass die "Götter" von Titan stammten, werden wir alle meine Behauptungen mit der Erforschung des Sonnensystems beweisen oder später als Hirngespinste abtun können. Denn das Sonnensystem ist meiner Ansicht nach voll von archäologischen Beweisen dieser Besucher. Mit anderen Worten: die Theorien von Erich von Däniken würden im Grossem und Ganzen stimmen. Also warten wir mal ab. Ganz Nebenbei: Ca. 1970 konnte ich einen japanischen SF-Trickfilm am TV verfolgen. In diesem Trickfilm landete ein terrestrisches Raumschiff auf Titan, um Wasser aufzunehmen. In den vereisten Meeren waren tiefgefrorene

Fische und Algen zu sehen. D.h., dass meine Theorie gar nicht so neu ist und die Japaner schon seid langer Zeit dasselbe denken.

## Die verschiedenen Ringsysteme

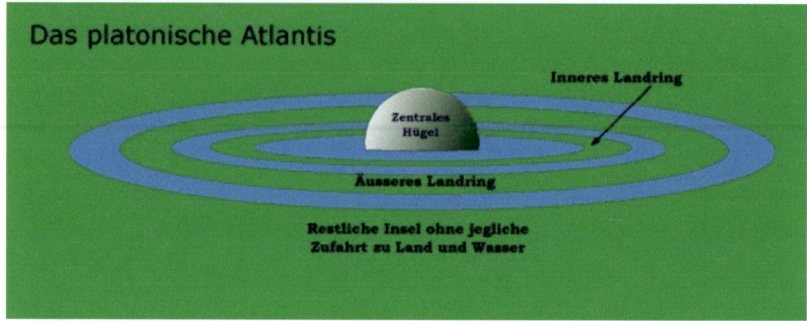

*Oben: Gemäss Platon (Kritias) müsste so der Urzustand Atlantis ausgesehen haben, wie es die Gottheit Poseidon erzeugt haben sollte und wie es in den uralten Überlieferungen verstanden wurde.*

*Oben: Saturn mit seinen Ringen*

## Das platonische Atlantis

Der griechische Philosoph Platon (428 - 348 v.Chr.) beschrieb in seinen Schriften Atlantis als grosse Insel, die grösser gewesen sein soll als das damalige Lybien und das damalige Asien zusammen. Die heutigen Sagen von Atlantis stützen sich auf Platons Beschreibungen in der "Kritias" genannten Schrift.

Platon war ein sachlicher Schreiber. Allerdings hatte Platon keine Kenntnisse von moderner Technik oder den Wissenschaften. Seine Schriften müssen als wahrheitsgetreue Beschreibungen aus der Sicht eines Erdenbürgers ohne derartige Kenntnisse angesehen werden.

In anderen Worten kann seine Beschreibung eines ringförmigen Systems, das er selbst nie gesehen hatte, auch auf ein anderes System zutreffen, das den damaligen Kenntnisstand gesprengt haben dürfte.

Atlantis könnte also ohne Weiteres die Bezeichnung für eine versunkene Welt darstellen.

### Die Schlamminsel in den platonischen Schriften (siehe Platon "Timaios")

*"... Später aber gab es gewaltige Erdbeben und Überschwemmungen und da versank während eines schlimmen Tages und einer schlimmen Nacht das ganze streitbare Geschlecht scharenweise unter der Erde; und ebenso verschwand die Insel Atlantis, indem sie im Meere versank. <u>Deshalb ist die dortige See jetzt unbefahrbar und undurchdringlich, weil der sehr hoch aufgehäufte Schlamm im Wege ist, welchen die Insel durch ihr Versinken erzeugte</u>. ..."*
(Hervorhebungen durch den Autor)

Auch der letzte Satz Kritias, ".... *Deshalb ist die dortige See jetzt unbefahrbar und undurchdringlich, ...*" widerspricht einem Standort Atlantis auf der Erde. Denn wenn das so gewesen wäre, dann gäbe es - oder hätte es gegeben - irgendwo auf dem Meer eine riesengrosse, unbefahrbare Schlamminsel, die grösser als Lybien zusammen mit dem damals bekannten Asien wäre. Aber auf unserem Planeten gibt es nach meinem Kenntnisstand nirgends solch einen Ort. Vielmehr könnten die Beschreibungen "unbefahrbar" und "undurchdringlich" schlichtweg bedeuten, dass die Passage für den Menschen unmöglich ist.

Auch der allerletzte, noch bekannte Satz in Kritias' Texten *"...da versammelte Zeus die Götter im Zentrum des Universums...*" ist ein starkes Indiz in Richtung Weltraum.

Bereits in den sumerischen Tafeln wird Tiamat *(siehe Enuma Elish)* als das Weltall bezeichnet. Sehr oft übersetzt man es auch als Meer. Auch hier frage ich mich als professioneller und sehr erfahrener Übersetzer (Deutsch-Italienisch), ob da nicht die falschen Synonyme benutzt wurden. Das geschieht sehr oft in unserer Branche. Insbesondere, da die griechischen Götter eine Evolution der sumerischen Religionen darstellen und so sehr viel von der sumerischen Sprache in die griechische übersetzt worden ist.

In den platonischen Texten äusserte Kritias, dass Atlantis hinter den „Säulen des Herakles" läge. Das "Ende der Welt", wie man dies zu Platons Zeiten interpretierte, war jenseits der Säulen des Herakles, dem heutigen Gibraltar. Somit für uns: "Hinter dem Ende der Welt".

Aus diesen Gründen suchte ich Atlantis ausserhalb der Erde, aber noch immer in unserem Sonnensystem, nicht allzu weit weg, auf dem Saturnmond Titan. Um dies glaubhaft darzustellen, muss ich weit ausholen. Die folgenden Indizien sind relevant.

Jedoch gehe ich im nächsten Abschnitt erst einmal der Möglichkeit von Leben auf anderen Himmelskörpern des Sonnensystems nach.

Ob ich Recht habe oder auch nicht, werden wir mit der Erforschung des Sonnensystems irgendwann einmal feststellen können. Meiner Meinung nach ist das Sonnensystem voll von fassbaren archäologischen Beweisen, die noch gefunden werden müssen und meine Hypothese stützen. Die Theorien von Erich von Däniken (schweizerischer Sachbuchautor) würden im Grossen und Ganzen stimmen.

Fangen wir erst einmal bei den mystischen Sagen der alten Griechen an. In diesen Sagen gibt es sehr viel Glaubwürdiges, vermischt mit den Phantasien der alten Griechen.

**Platon und die alten Griechen**

In den platonischen Schriften finden wir sehr viele Hinweise.

**Das Atlantis von Kritias**

Kritias spricht hier von der "Insel" Atlantis. Er übernahm seine Geschichte jedoch auch lediglich aus Überlieferungen.

*"Wie schon im Obigen erzählt wurde, dass die Götter die ganze Erde unter sich teils in grössere, teils in kleinere Teile verteilt und sich selber ihre Heiligtümer und Opferstätten gegründet hätten, so fiel auch dem Poseidon die Insel Atlantis zu, und er verpflanzte seine Sprösslinge, die er mit einem sterblichen Weib erzeugt hatte, auf einen Ort der Insel, ......"*
(siehe Platon, Kritias - Hervorhebung durch den Autor)

## Die vergessenen und lückenhaften Überlieferungen

Hier gibt Kritias zu, dass die Überlieferungen starke Lücken haben könnten:

*"Von diesen sind die Namen erhalten, ihre Taten aber wegen des Unterganges derer, die sie von ihnen überkamen, und der Länge der Zeit in Vergessenheit geraten. <u>Denn das jedesmal übrigbleibende Geschlecht pflegte, wie schon früher bemerkt wurde, das auf den Bergen lebende und der Schrift unkundige zu sein</u>, welches bloss die Namen der Herrscher im Lande gehört hat und dazu etwas Weniges von ihren Taten. Sie mussten sich daher damit begnügen, ihren Nachkommen diese Namen zu überliefern; die Tugenden und die Staatseinrichtungen ihrer Vorfahren aber kannten sie nicht, es sei denn einige dunkle Gerüchte über Einzelnes, und da sie überdies zusamt ihren Abkömmlingen viele Geschlechter hindurch an dem Notwendigen Mangel litten und daher vielmehr auf die Ausfüllung dieses Mangels ihren Sinn richten mussten, so sprachen sie auch vielmehr hierüber mit einander und vernachlässigten das einst bei ihren Vorfahren und vor alters Geschehene."*
(siehe Platon, Kritias - Hervorhebung durch den Autor)

## Kleito und Poseidon

Hier beschreibt Kritias die Zusammensetzung Atlantis, ebenfalls aus Überlieferungen:

*".... Kleito, erzeugt. Als nun dieses Mädchen Geschlechtsreif war, starben ihre Mutter und ihr Vater; Poseidon aber war von Liebe zu ihr ergriffen und nahm sie zur Frau. Er trennte deshalb den Hügel auf welchem sie wohnte, kreisförmig mit einer starken Begrenzung ab,<u> indem er mehrere kleinere und grössere Ringe abwechselnd von Wasser und Erde kreisförmig erzeugte</u>, und zwar ihrer zwei von Erde und drei von Wasser, und mitten aus der Insel gleichsam herauszirkelte, so dass ein*

*jeder in all seinen Teilen gleichmässig von den anderen entfernt war; wodurch der Hügel für Menschen unzugänglich wurde, denn Schiffe und Schiffahrt gab es damals noch nicht. Für seine Zwecke aber stattete er die in der Mitte liegende Insel, wie es ihm als Gottheit nicht schwer fiel, mit allem Nötigen aus, indem er zwei Wasserquellen, die eine warm und die andere kalt ...."*
(siehe Platon, Kritias - Hervorhebung durch den Autor)

Auch hier sind weitere, starke Indizien vorhanden, die auf ein Ringsystem hinweisen.

Die warme und die kalte Quelle, so wie es Kritias beschreibt, sind wahrscheinlich reines Wunschdenken der damaligen Menschen.

Natürlich sind es Überlieferungen und **selbst Kritias hat ja zugegeben, dass diese Überlieferungen über Jahrtausenden mündlich erfolgten.** So kann man sich nur mit Interpretationen ein Bild des Ganzen machen. Wobei Interpretationen immer einen faden Nachgeschmack hinterlassen.

## Die Götter

Hier endet leider die Kritias von Platons an der interessantesten Stelle, denn der Sitz der Götter wird klar im Weltall lokalisiert:

*"Er (Zeus) berief daher alle Götter in ihren ehrwürdigsten Wohnsitz zusammen, welcher in der Mitte des Weltalls liegt und eine Überschau aller Dinge gewährt, die je des Werdens teilhaftig wurden, und nachdem er sie zusammenberufen hatte, sprach er – – – "*

## Midgard - Das nordeuropäische Ringsystem

In der antiken, nordeuropäischen Mythologie finden wir ebenfalls ein "Atlantis". Es handelt sich um Midgard.

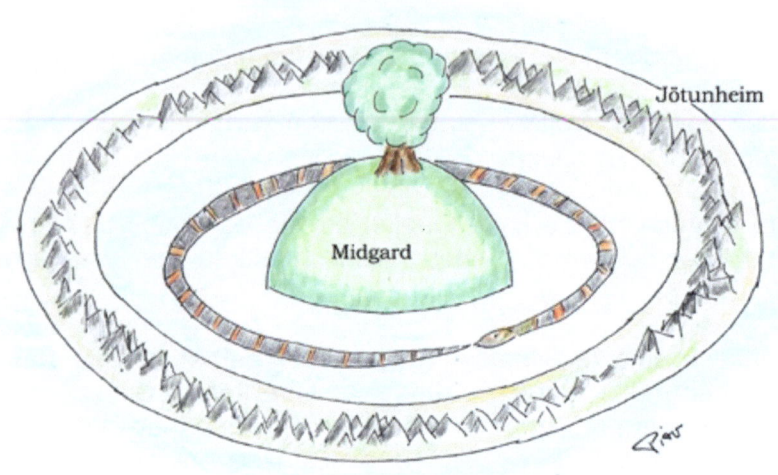

Midgard bedeutet „Wohnort in der Mitte", (Mid = Mitte und gard = Erde, Garten). "Das Gebiet der Menschen". Midgard ist das Zentrum der menschlichen Welt. Midgard liegt in der Mitte der anderen Welten.

Die Söhne Buris (Odin, Vili und Ve) errichteten Midgard. Buri war der Schöpfer des Universums und Vater aller Götter.

In der Mitte Midgards steht die Esche Yggdrasill. Sie wird auch als Weltesche bezeichnet und sei der allererste Baum.

Midgard ist von Bergen umgeben und vom Weltmeer (Weltall?) umspült. In diesem liegt die Midgardschlange, die ringsherum reicht. Im Süden wird Midgard von einem Feuerland begrenzt. Im Norden hingegen von einer Eiswelt.

Die antike, nordische Mythologie unterteilt die Welt in neun verschiedene Bereiche. Davon sind:

- Midgard, der Bereich der Menschen,
- Jötunheim, der Bereich der Riesen.

Die Erde dieser Mythologie war kreisrund und vom Meer umgeben. Der Landstreifen an den Küsten wurde Jötunheim genannt und war das Reich der Riesen. Zum Schutz gegen die Thursen bauten die Götter einen Wall rund um Midgard.

Auch hier haben wir ein Ringsystem als Basis, der nichts mit Platon oder Kritias zu tun hat. Aber wiederum ein starker Indiz zu Gunsten der Saturnringe. Ein Indiz ausserhalb der Überlieferungen der alten Griechen.

## Die darwinsche Evolutionstheorie

### Einleitung

Nach der Theorie von Darwin kann sich die biologische Natur selbst entwickeln. Ob die dazugehörenden Naturgesetze von Gott oder nicht erschaffen wurden, sollten wir woanders besprechen. Sonst wird meine ganze Theorie zu lang.

### Das Kambrium (ein Äon der Menschheit?) als Entstehung des Lebens

Das Kambrium entspricht etwa dem Zeitraum vor etwa 542 bis 488 Millionen Jahren, in dem durch chemische und physikalische Zufallsmechanismen zuerst die einzelligen Lebewesen (z.B. Bakterien und Algen) entstanden und anschliessend durch Evolution und natürliche Auslese komplexere Formen wie Pflanzen, Tier und Mensch hervorbrachte.

Ist es möglich, dass ausschliesslich die Erde dieses Stadium, das wir hier Kambrium nennen, erreichte? Schwer vorstellbar! Denn zu behaupten, lediglich auf der Erde könne Leben entstehen, entbehrt jeglicher sachlicher Grundlage.

### Die mögliche Entwicklung von "kambriumfähigen" Planeten

Als unser Sonnensystem entstand, umkreisten die heutigen Planeten die Sonne als feurige, flüssige und halbflüssige Klumpen, die durch die eigene Gravitation eine Kugelgestalt erhielten und sich nach und nach abkühlten und festigten. Über die Entstehung der Planeten gibt es übrigens unzählige Theorien. Aber eines steht ziemlich fest: Sie waren vor Jahrmilliarden heisse Klumpen.

Man kann davon ausgehen, dass sich die kleineren Massen schneller abkühlten als grössere. Ebenso werden sich sonnenfernere Planeten schneller abgekühlt haben als sonnennahen. Auch das spezifische Gewicht dürfte eine grössere Rolle gehabt haben und so dürften "leichte" Planeten mit niederem spezifischen Gewicht sich schneller abkühlen.

Zudem erzeugen Planeten mit einem hohen spezifischen Gewicht sehr viel inneren Druck, was zwangsläufig zur weiteren Verdichtung der Masse führt und so zu einer höheren Temperatur. D.h. dass die Fusionsprozesse im Innern eines solchen Körpers wahrscheinlich länger andauern.

**Kleinere und äussere Planeten und Satelliten**

Wenn wir davon ausgehen, dass sich die äusseren, kleineren Himmelskörper schneller abgekühlt haben, dann müsste die Evolution nach Darwin sowie der mathematischen Wahrscheinlichkeit, auf den zuerst abgekühlten Planeten begonnen haben, d.h., auf den Planeten, die als erste erdähnliche Verhältnisse erreicht haben.

Diesbezüglich wurde ich im Web belehrt, dass die kleineren Himmelskörper gleich schnell wie die grösseren abkühlen. Das beweist wiederum, dass meine Theorie doch noch etwas dran hat, sonst würden man sich nicht mit Händen und Füssen dagegen wehren und behaupten grosse und kleine Körper kühlen gleich schnell ab. "Kühlen" bedeutet nicht "fallen", (*siehe I. Newton und G.Galileo*).

Aber fassen wir nun alle Faktoren zusammen und untersuchen auf Titan den möglichen Ablauf eines Kambrium.

Titan ist kleiner als die Erde, jedoch grösser als unser Mond.

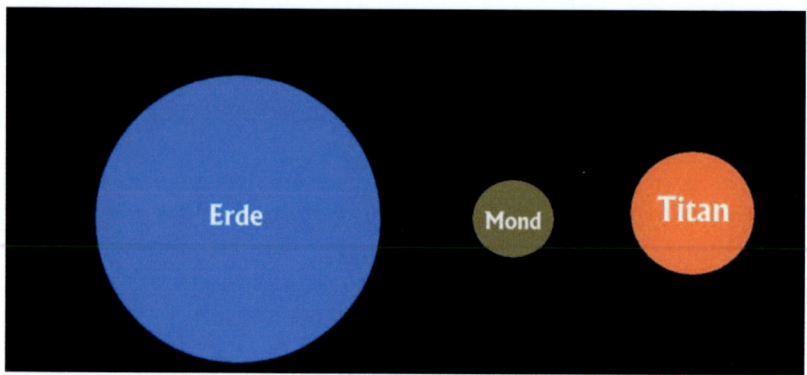

*Oben: Erde, Mond und Titan im richtigen Maßstab abgebildet.*

Wenn man in diesem Maßstab Titan auf die Erde projizieren würde, dann wäre die Grössenangabe wie "Lybien mit Asien zusammen" sehr glaubwürdig.

## Was war damals vor ca. 1,3 Milliarden Jahren im Sonnensystem?

Dank der Teleskope, die seit Jahren in einer Umlaufbahn um die Erde kreisen, wissen wir heute sehr gut, dass es eine nicht endeten Zahl von kleinen braunen Sonnen gibt. Also Sonnen in der vergleichbaren Grösse zum Jupiter und sogar viel kleinere, die um andere Sonnen kreisen. Aber um eine kleine, braune Sonne zu sein, muss man vorerst einmal ein kleiner, glühender Stern gewesen sein. Zumindest ein roter Zwerg.

Nun zitiere ich **Wikipedia** (Okt. 2016, Hervorhebungen durch den Autor):

***Ph.D. Dr. Shiv S. Kumar** (indischer Physiker und Universitätsprofessor) stellte 1963 erstmals Überlegungen an, dass beim Entstehungsprozess der Sterne auch Objekte entstehen könnten, die aufgrund ihrer niedrigen Masse nicht die zur Wasserstofffusion erforderliche Temperatur erreichen (S. Kumar: The Structure of Stars of Very Low Mass. In: Astrophysical Journal. 137, 1963, S. 1121. doi:10.1086/147589.), der Name Brauner Zwerg wurde jedoch erst 1975 durch Jill Tarter vorgeschlagen (Jill Tarter: 50 Years of Brown Dwarfs – From Prediction to Discovery to Forefront of Research. Springer. S. 19–24.). Der Name ist zwar im eigentlichen Sinne nicht richtig, **da auch Braune Zwerge rot erscheinen**, aber der Begriff Roter Zwerg war schon für die leichtesten Sterne vergeben.*

*In den 1980ern wurden verschiedene Anläufe unternommen, diese hypothetischen Körper zu finden, aber erst 1995 wurde mit Gliese 229 B der erste Braune Zwerg zweifelsfrei nachgewiesen. Entscheidend hierfür waren zum einen deutliche Fortschritte in der Empfindlichkeit der Teleskope, zum anderen wurden aber auch die theoretischen Modelle verbessert, die eine bessere Unterscheidung zu schwach leuchtenden Sternen ermöglichten. Innerhalb weniger Jahre wurden mehrere hundert Braune Zwerge nachgewiesen, die Anzahl weiterer möglicher Kandidaten liegt ebenfalls in dieser Größenordnung. Die sonnennächsten Braunen Zwerge (Anfang 2004) bilden das Epsilon-Indi-B-Doppelsystem in 11,8 Lichtjahren Entfernung.*

*Die Untersuchung der Braunen Zwerge steht noch am Anfang, hat aber, vergleichbar der Öffnung neuer Beobachtungsfenster oder der Entdeckung anderer neuer Effekte, bereits heute viel zu unserem Wissen und Verständnis des Universums beigetragen.*

Hervor zu heben wären zum Beispiel die "Braunen Zwerge" WISE1828, Gliese 229B und Teide 1.

Wenn man die Äusserungen von **Ph.D. Dr. Shiv S. Kumar** liest, so erscheint meine Theorie der 3 Sonnen in unserem Sonnensystem real möglich. Ich würde sogar sagen, ein echtes, starkes Indiz.

Vor 2 - 3 Milliarden Jahren dürften also Jupiter und Saturn "Minisonnen" oder rotglühende "Braune Zwerge" gewesen sein. D.h. unser Sonnensystem hatte wahrscheinlich 3 Sonnen. Auf Titan dürften damals ähnliche Verhältnisse wie auf unserer heutigen Erde geherrscht haben, bei einer viel niedrigerer Schwerkraft von nur 0.14 g (Erde 1 g).

*Zufall? Victory Stele von Naram-Sin, ca. 2200 v.Ch, mit 3 Sonnen.*

## Die mögliche Entstehung einer biologischen Natur auf Titan

## Kernpunkt meiner Theorie

Betrachten wir einmal die mathematische Wahrscheinlichkeit zur Entstehung einer biologischen Struktur. Die Evolution müsste ganz klar nach der Evolutionstheorie Darwins stattgefunden haben. Sachlich betrachtet kann diese Entwicklung auch auf Titan stattgefunden haben.

Denn, wenn die darwinsche Entwicklung wirklich so stattfinden kann, warum nicht zuerst auf älteren Planeten, die früher die richtige Temperatur aufwiesen? Zudem, was sind schon 550 Millionen Jahren im Universum? Das ist nur die "kurze Kambriumlänge", derer es bedarf, aus von einem Einzeller einen Menschen zu entwickeln.

Da eignet sich eben Titan als Nest der Lebensentstehung recht gut und das Vorhandensein biologischer Gase ist ein äusserst starkes Indiz. Titan hat einen negativen Temperaturvorsprung auf die Erde von vielleicht 1'000 - 2'000 Millionen Jahren. Damit will ich sagen, dass Titan vom glühenden Klumpen, bis zur richtigen Temperatur, vielleicht einige Milliarden Jahre Vorsprung hat. Zudem dürfte es auf Titan - durch die geringere Gravitation - bessere Bedingungen für die Entstehung der Einzeller gegeben haben als auf der Erde.

### Die chemischen Grundstoffe

C, H, O, N, S, P und viele andere chemische Grundstoffe dürften auf Titan auch eine bessere molekulare Mischung gehabt haben, da infolge der geringen Dichte von nur 2 (Erde 5,5) die schwereren Elementen rarer zu finden sein werden. Und die schwereren Elemente stehen unserer biologischen Natur eher im Wege. Was wiederum ein Indiz "gegen" die Erde darstellt.

## Die Atmosphäre von Titan

Die zwei einzigen Planeten im Sonnensystem, deren Atmosphäre hauptsächlich aus Stickstoff besteht, sind **Erde** und **Titan**.

Ausserdem findet man auf Titan Spuren von mehreren organischen Verbindungen wie **Ethan, Propan, Ehin** usw.

**Sauerstoff kann es auf Titan nicht mehr geben, da Sauerstoff sich schnell bindet und von Pflanzen mit Hilfe der Photosynthese hergestellt wird. Da sich Titan zu stark abgekühlt hat, sind alle Pflanzen eingefroren und Tod.**

## Die mögliche Entstehung des Homo Sapiens (des Menschen)

Nehmen wir zuerst folgende Parameter an:

- Eine ganze, biologische Natur ist zuerst auf Titan entstanden. Dies vor über 1 Milliarde Jahren, vom heutigen Datum an gerechnet.
- Die heisse Sonneneinstrahlung hat es bis vor ca. 600 Millionen Jahre unmöglich gemacht die biologische Natur des Titan auf die Erde zu bringen.
- Der Mensch als solches sei (reine Supposition) vor Milliarden von Jahren auf Titan entstanden.

Diese Entwicklung müsste sehr lange gedauert und Spuren hinterlassen haben. Spuren übrigens, die auf der Erde nicht zu finden sind, da die Erosion alles eliminiert hat. Die genannten Spuren werden wir bestimmt auf den einzelnen Satelliten und Himmelskörpern des Sonnensystems wiederfinden.

Vom Neandertaler bis zum Kennewick-Mann gibt es keine Verbindung. Und: "Nach auf DNA-Analysen beruhenden Studien ist der Neandertaler kein direkter Vorfahre des heutigen Menschen." (siehe: Wikipedia-Neandertaler und andere Quellen). Der Neandertaler hat sich vielmehr mit dem Menschen vermischt. Oder die Menschen mit ihm.

## Die Entwicklung einer menschlichen Hochkultur

Falls der Mensch auf Titan entstanden sein sollte, dann wird er dort auch Flugkörper entwickelt und selbstverständlich auch das Sonnensystem erforscht haben. Zudem wird es sich wegen des langsamen Erkaltens um seinen Planeten "Titan" Sorge gemacht haben. Als einzigen Ausweg sehe ich, ins Innere des Sonnensystems vorzudringen, wo es wärmer war. Dank der geringen Schwerkraft des Titan dürfte ein Abheben eines einfachen, chemisch angetriebenen Raumschiffes gar kein Problem darstellen.

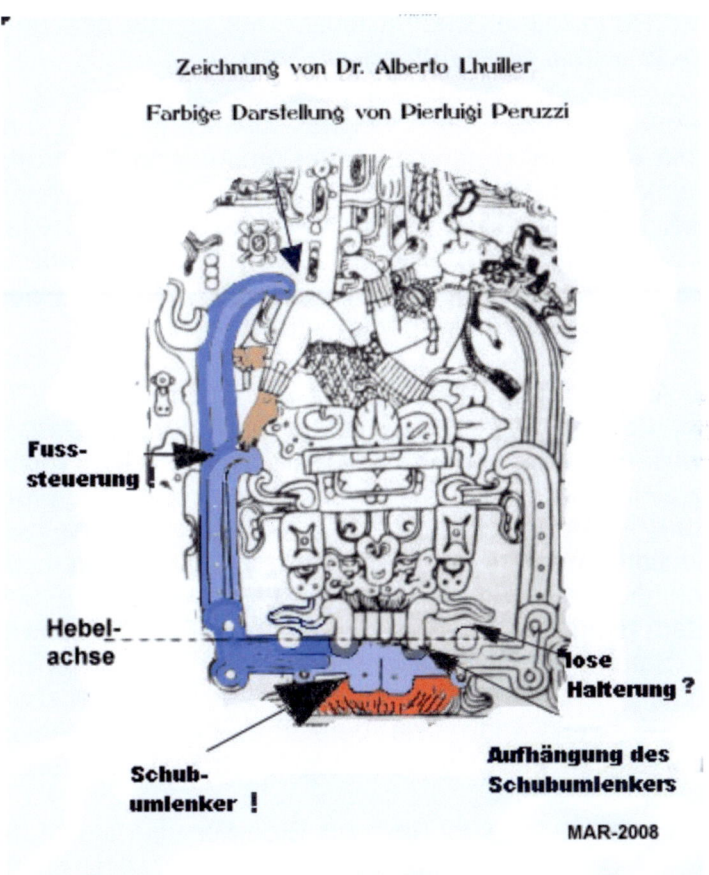

Am besten sieht man auf der Zeichnung von Dr. Alberto Lhuiller, wie ein solches, sehr primitives Raumschiff funktioniert. Der Pilot steuert seine Raumkapsel mit den Füssen. Man sieht eindeutig, wie er über einen langen Hebel die Schub-Richtung des Triebwerkes mit einem Schubumlenker steuert.

Unter Anderem sieht man auch, wie der Pilot hoch konzentriert diese Raumkapsel steuern muss. Das könnte bedeuten, dass er nicht einmal einen Autopiloten hatte.

Ein interessantes Detail, welches meine Theorie untermauert, ist die Tatsache, dass weder ein Computer noch ein Bildschirm zu sehen sind. Man dürfte auf der Erde mit dieser Raumkapsel vielleicht 30 km hoch gekommen sein. Die starke Gravitation der Erde dürfte den Ärmsten wieder zurückgeholt haben. Sicher nicht bei der geringen Gravitation von Titan. Dort dürfte ein Start mit diesem Flugkörper erfolgreich sein.

Das Abheben von Titan - mit seiner Gravitation von "nur" 1.4 m/s$^2$ (0,14 g, praktisch wie unser Mond) - dürfte so einfach gewesen sein, dass man die Elektronik gar nicht brauchte. Man flog einfach auf Sicht, wie es ein Autofahrer es auch tun muss. Saturn und die Sonne sind ja ausgezeichnete Orientierungshilfen, wenn man sich im Saturnsystem befindet. Auch der helle Streifen der Milchstrasse hilft da sehr viel. Zudem bringt Titan bereits einen Teil der Fluchtgeschwindigkeit des Saturns mit, um sich vom Saturn selbst distanzieren zu können. D.h. eine "Flucht" aus der Gravitationszone des Saturns, wenn man sich bereits in der Umlaufbahn eines Mondes befindet, dürfte mit wenigen Mitteln erreichbar sein.

Jedoch jeder, der von Titan zur Erde flog, dürfte auf der Erde definitiv gestrandet sein. Mit diesen primitiven, chemischen Triebwerken dürfte nicht einmal eine Senkrechtlandung möglich gewesen sein. Also nur Gleitflüge, Fallschirmbremsen oder Propellerbremsen (siehe Ezechiel, AT) um auf der Erde zu gelangen. Die Gleitflüge sind wahrscheinlicher, da ich auf den antiken Tafeln nirgends Fallschirme ausmachen konnte und zudem lassen die **Pisten von Nazca** (Peru, 14° 42' 43" S / 75° 10' 35" W) Luftfahrzeuge mit Flügel erahnen.

**Was macht eine menschliche Hochzivilisation?**

**»»   Sie erkundet ihr Sonnensystem!**

Dabei infiziert sie ungewollt alle Himmelskörper mit Bakterien, die sich auf der Hülle oder im Innern der Raumschiffe befindet. Diese Bakterien werden sich aber nur auf geeigneten Planeten vermehren können. Aus ihnen können dann - falls der Planet geeignet ist - Mehrzeller entstehen.

Z.B. auf Erde, Mars, Ganymede, Europa, Io usw. aber auch Titan.

## Die Abkühlungsperiode im Saturnsystem

Die einzelnen Perioden werden durch die Eiszeiten auf der Erde bestätigt!

Wir haben ja eine kleine, gelbe Sonne als Zentralgestirn. Diese dürfte relativ schnell kalt werden und sich danach ablöschen. Bereits die Sonnenflecken deuten auf eine bevorstehende Abkühlung hin. Der grobe Ablauf der Sonnentemperatur lässt sich aber optimal mit den Eiszeiten auf der Erde bestimmen.

Nun gehen wir davon aus, dass der letzte abrupte Fall der Sonnentemperatur (vorletzte Eiszeit) im Hinterland des Sonnensystems eine erste Naturkatastrophe hervorgerufen hat.

Man stelle sich vor: die Sonneneinstrahlung vermindert sich und zudem wird Saturn schneller kühler. Gerade Saturn, der wahrscheinlich den Wärmeausgleich in seinem System geboten hatte, fehlte nun als Wärmespender. Also 2 tödliche Faktoren für die Lebewesen auf dem Saturnmond Titan.

Auch Titan, mit seinem geringen spezifischen Gewicht, dürfte sich im Innern schneller abgekühlt haben, als die Erde mit ihrem hohen spez. Gewicht.

Falls vor der vorletzten Eiszeit auf der Erde diese selbst doch noch zu heiss gewesen sein soll, dann bedeutet dies, dass unsere Sonne zuviel thermische Energie abgegeben hat. So wäre es möglich, dass sich die damalige Zivilisation auf den Satelliten Jupiters zurückgezogen haben könnte. Damit meine ich IO, EUROPA aber weniger GANYMEDE, da der letztere zu weit vom Jupiter entfernt ist.

Was auch möglich war, dass Saturn noch heiss genug war, um Titan zu erwärmen. Weitere Möglichkeiten bestehen in Bunkersysteme in sonnennähere Asteroiden oder Satelliten wie Phobos. Aber da es auf der Erde in der Eiszeit zu kalt war, dürfte Mars noch kälter als heute gewesen sein. Also auch kein Fluchtplanet.

Es bleibt so oder so nur noch die Erde mit ihrer heissen Lufthülle und die kühlere Antarktis und Grönland. Wobei die Kohlenvorkommen auf Grönland ja beweisen, das Grönland vor 300 Millionen Jahren ein blühender Garten war.

Aber, falls meine Theorie nur in etwa stimmen sollte, was machen diese Menschen mit der x-fachen Gravitation auf der Erde?

Sie starben in Massen auf der Erde oder siedeln sich trotzdem unterirdisch auf Mars oder den Mond an. Nur wenige dürften überlebt haben. Diejenigen, die der Gravitation standhielten, dürften sich von Generation zu Generation und aufgrund der natürlichen Auslese nach Darwin, der starken Schwerkraft der Erde besser "angepasst" haben.

## Die Zwischeneiszeit und neue Wärme durch die Sonne

Schauen wir uns doch die Periode der Neandertaler an. Also die Zeit zwischen den 2 letzten Eiszeiten. Da muss die Sonne recht viel Energie abgegeben haben. Warum gibt es hier keine Funde des heutigen (oder damaligen) Homo Sapiens?

Einerseits haben wahrscheinlich die Gletscher der letzten Eiszeit alles zermalmt. Andererseits war es sehr wahrscheinlich warm genug um auf einem Satelliten des Jupiters zu leben. Und vielleicht waren die Menschen bereits so sehr daran gewohnt in Bunkersysteme zu leben, dass sie die feuchte Natur der Erde, voller Bakterien, verabscheuten. Die Erde war für Ihre Verhältnisse zu "dreckig", "unrein" und hatte eine zu starke Gravitation. Warum also darauf flüchten? Um sich von der starken Gravitation platt drücken zu lassen?

## Die zweite, grosse Abkühlung vor ca. 100'000 Jahre

Die letzte Eiszeit auf der Erde - die im direkten Zusammenhang mit der Sonnenaktivität zu sehen ist - dürfte dann selbst auf den Satelliten des Jupiters das Leben in Bunkern und mit Raumanzügen sehr schwer gemacht haben. Selbst dann, falls die Menschen in gut entwickelten Bunkersysteme lebten, dürften Sie mit einer so starken Abkühlung der Sonne nicht mehr gerechnet haben. Denn von nun an fehlte es an Wärmeenergie.

Die letzte Eiszeit hat wahrscheinlich dieser Hochkultur, mit der äusserst primitiven Raumfahrttechnik, den Rest gegeben.

Zu beachten ist die Tatsache, dass eine Eiszeit nichts anderes bedeutet, als dass unsere Sonne weniger Wärmeenergie abgibt. Dies wiederum bedeutet, dass es auf den hinteren Planeten noch kälter wäre. Also wohin mit den Menschen die von Titan stammen?

Da sehe ich nur noch den Äquator der Erde als Zufluchtsort.

Interessant wäre es, tiefe Ausgrabungen am Äquator durchführen zu lassen. Aber niemand wagt es, soviel Geld in den Boden zu stampfen. Da bleibt nur noch die Frage offen: Warum sind die Afrikaner die reinsten Menschen im Bezug auf ihre DNA?

## Das Ende der letzten Eiszeit auf der Erde vor ca. 10'000 Jahren

Da taucht plötzlich der Kennewick-Mann genau am Ende der letzten Eiszeit auf und danach der Ötzi. Beide ganz klar moderne Homo Sapiens. Woher sollen denn diese gekommen sein?

Damit meine ich natürlich nicht von den Sternen, sondern von welcher Zivilisation und aus welchem Entwicklungsstand.

Das untermauert meine Theorie mit der Erde als letzten Zufluchtsort. Die starke Gravitation der Erde dürfte die Schwächeren sehr schnell getötet haben. Noch heute haben wir Homo Sapiens im Alter unsere liebe Mühe an den Hüften und am Rücken.

Ferner haben wir eine Lunge die bis auf eine Höhe von 6000 m noch einigermassen funktioniert, d. h. wir kommen komischerweise auch mit weniger Sauerstoff aus.

Zudem: Warum spricht Kritias in den platonischen Texten von damals 9'500 Jahren? Woher wusste Kritias, wann die letzte Eiszeit zu Ende gewesen war?

## Atlantis, Lemuria, Nibiru, Mu oder Midgard

Diese frühere Hochkultur könnte auch als grosser Stützpunkt und vielleicht als Stadt existiert haben. Falls es doch ein Kontinent gewesen sein sollte, dann war es wahrscheinlich das heutige, erkaltete Grönland.

Bis zum Jahre 1492 gab es auf den Kontinenten Amerika, Eurasien mit Afrika und Australien grundverschiedene Pflanzen und Tiere. Beispiele wie Pferde, Löwen, Krokodilen sowie Alligatoren, Mais, Ananas, Kartoffeln und die Beuteltiere Australiens usw.

Als dann die Europäer langsam zur Hochkultur wurden, vermischte sich das Ganze. Aber falls bereits eine hohe Kultur einige 10'000 Jahren früher da gewesen wäre, dann wäre die Vermischung bereits vorhanden gewesen. Stattdessen hatten wir auf 3 verschiedenen Kontinenten Pflanzen und Tiere, die es nur auf den jeweiligen Kontinenten gab.

Selbst die Menschen waren in Ihrer Entwicklung bestimmt 100'000 Jahren auseinander. Wenn man aber zumindest sehr ähnlich Pflanzen und Tiere gehabt hätte, dann wäre Atlantis auf der Erde glaubwürdiger erschienen. Klar konnten einige Tiere über die Meerenge zwischen Asien und Alaska während des Winters hinüber laufen, wie zum Beispiel Wölfe oder Bären, aber zumindest Australien mit seinen Beuteltieren blieb komplett unberührt. Somit hatte in den letzten Jahrmillionen niemand die nötigen technischen Einrichtungen gehabt, um einige Pflanzen und Tiere zu "vermischen".

Wenn aber diese frühere Hochkultur einen ganzen Kontinent eingenommen hätte, dann wäre sie genügend weit entwickelt gewesen, um eine teilweise Vermischung zu verursachen. Jedenfalls natürlich nur, wenn sie einige Millionen Jahre früher existiert hätte. Aber dann hätten wir gar keine Überlieferungen mehr gehabt. Das wäre dann absolut unglaubwürdig erschienen.

Somit bleibt die These von Atlantis oder Midgard nur noch als Stützpunkt von ausserirdischen Menschen, die von Titan oder sonstwo kamen. Allenfalls könnte es eine grosse Stadt gewesen sein oder höchstenfalls eine grosse Insel (Grönland oder die Antarktis).

Das war meine Theorie, die ich im sachlichen Zusammenhang mit Atlantis, Midgard, Lemuria, Mu oder Midgard sehe. Die Sagen haben immer einen wahren Kern. Aber an einer technisch hochstehenden Kultur, die auf einem sehr grossen Kontinent auf dem Planeten Erde existiert haben soll, habe ich klar meine Zweifel. Es sei denn, es wäre Grönland vor Jahrmillionen gewesen.

# 7. Die Saturnringe

## Eine megawitzige Supposition

**Annahme**

Gehen wir mal davon aus, dass Titan (Saturnmond) irgendeinmal in der Vergangenheit ein blühender Planet war - hochtechnisiert und mit reger Raumschifftätigkeit. Jedoch mit einer Raumschifftätigkeit die sich auf chemisch angetriebenen Raumschiffe stützt. Nicht auf irgendwelche phantasievollen Triebwerke, die mit schwarzer Materie oder gar Antimaterie laufen. Bleiben wir bitte mit den Füssen auf dem Boden, denn bereits der Glaube eines hoch-technisierten Planeten im Sonnensystem bedarf an Toleranz.

## Schubgase der eventuell existierten Raumschiffe

Nun, die besagten, chemisch angetriebenen Raumschiffe, falls es solche gegeben hat, müssten eine Unmenge an verbrannten Schubgasen in den Weltraum ausgestossen haben. Die meisten dieser Schubgase wären dann bestimmt von Saturn und seinen Monden mit der Gravitation aufgesogen worden sein. Die restlichen Schubgase würden in verschiedenen Umlaufbahnen rund um den Saturn immer wieder miteinander kollidiert sein. Schlussendlich müssten sich diese Schubgase irgendwann um den Saturn stabilisiert haben. Glaubwürdig erscheint mir auf der planetaren Ebene, rund um Saturn.

Auch von der Überlegungen her, dass ein Verlassen des Saturnsystems am einfachsten ist, wenn man den Riesenplaneten Saturn als "Schleuder" benutzt. So wie es unsere heutigen unbemannte Raumsonden tun. Das würde aber eine Unmenge an Abgasen rund um die planetare Ebene des Saturns ergeben.

Gerade das könnten ohne weiteres die Saturnringe darstellen. Eine Verunreinigung des Sonnensystems durch Schubgase von chemisch angetriebenen Raumschiffen. Wohlverstanden, ich spreche hier von Milliarden von Menschen und Tausenden von kleinen und grossen Raumschiffen im Saturnsystem, also von regem Verkehr im Saturnsystem.

Vielleicht erscheint Euch meine Theorie sehr unglaubwürdig. Aber wenn Titan ein blühender Planet voller Menschen gewesen wäre, dann müssen zwangsläufig die Abgase seiner chemisch angetriebenen Raumschiffe das Saturnsystem verunreinigt haben.

Frage: wo sind der Abfall und die Triebwerksgase der damaligen Raumschiffe?

Falls um den Saturn der Rest dieser Gase nicht gefunden werden kann, dann ist meine Theorie falsch, dass Titan irgendeinmal ein blühender Planet war.

## Beweise und Indizen

Falls meine Theorie der Saturnringe richtig wäre (was nicht sein muss) so müssen die Saturnringe zwangsläufig aus einem Material bestehen der aus irgendeiner Verbrennung von chemisch angetriebenen Raumschiffen stammt. Zum Beispiel $CO^2$, $H^2O$ und viele andere Komponenten, wie Abgase von Feststofftriebwerken und Triebwerken, die mit flüssigem Treibstoff laufen könnten.

H2O müsste als pulverförmiges Eis vorhanden sein. Hingegen CO2 bleibt - bei den Temperaturen um den Saturn - ein Gas und würde sich verflüchtigen und das Meiste würde von Saturn selbst aufgesogen werden.

Falls aber die Ringe aus vulkanischen Stoffen und Gesteinspulver bestehen, dann ist meine Theorie absolut falsch.

Die 2 grosse Gesteinsbrocken, die sich innerhalb der Ringen befinden, haben natürlich nichts mit dieser Theorie zu tun, denn es handelt sich um klassische Minimonde.

# 8. Die Gottheiten der Maya

Liebe Leser, nachdem ich keine vollständige Liste der Maya-Gottheiten gefunden habe, wage ich den Versuch, eine 95%ige Liste zu erstellen. Noch bin ich nicht fertig. Ich hoffe, in einer späteren 2. Auflage eine verbesserte Liste abgeben zu können. Zu sagen ist aber auch, dass sehr viele Azteken-Gottheiten auch Maya-Gottheiten darstellen. Sehr oft mit einem anderen Namen.

| Name | Beschreibung | Kultur | Quelle |
|---|---|---|---|
| Ab Kin Xoc Piz Hui Tec | Gott der Dichtkunst | Maya | Internet (unsicher) |
| Acna | Muttergöttin, Mond, Patronin der Geburt | Maya | Internet (unsicher) |
| Ah Bolom Tzacab | Gott des Ackerbau und des Regens | Maya | Internet (unsicher) |
| Ah Chuy Kak Ah Cun Can | Gott des Krieges, Kriegsgott | Maya | Internet (unsicher) |
| Ah Kinchil Ak Kin | Gott der Sonne, Sonnengott | Maya | Internet (unsicher) |
| Ah Mucen Cab Ah Muzenkab | Bienengott, Honigsammler, auch Ah Muzencab genannt. Herabstürzender Gott. | Maya | Internet (unsicher) |

| | | | |
|---|---|---|---|
| Ah Puch,<br>Hun Hau,<br>Hun Ahau,<br>Yum Cimil,<br>Cizin Uac,<br>Mitum Ahau | Gott des Todes. Der Maya-Gott HUN AHAU oder auch Uac Mitum Ahau war der Herrscher über MITNAL, das Reich der Toten und NICHT wie oft verwechselt über Xibalba, das in etwa unserem Fegefeuer entspricht. Hunahau ist der finstere Gott des Todes und die Personifikation der Finsternis. Er opferte sich, indem er starb und ins Reich der Toten (Mitnal) hinabstieg, um danach wieder aufzuerstehen. Die Gläubigen brachten ihm Opfer, um ihr Leben zu verlängern. Ah Puch oder Hun Ahau soll das Gegenteil von Itzamná sein. | Maya | Dr. Alberto Ruz Lhuillier benannte ihn: "Cizín" (Kizin); Bischof Diego de Landa benannte ihn "Uac Mitum Ahau"; Eric Thompson "Chac Mitum Ahau". Oft findet man auch die Bezeichnungen "Hun Ahau", "Yum Cimil" (Yum-Kimil) (Herr des Todes) oder auch Ah Puch. |
| Ahau Chamahez | Gott der Medizin, Heilgott | Maya | Internet (unsicher) |
| Ahau Kin | Göttin der Sonne, Sonnengöttin | Maya | Internet (unsicher) |
| Ahmakig | Göttin der Landwirdschaft und der Bauern. Sie lebt auf dem Gipfel des Tiburonberges und fliegt durch die Nacht. Lehrerin des Tanzes und Gesanges. Sie heilt Schlangenbisse. | Maya | Internet (unsicher) |
| Ahulane | Gott des Krieges, Kriegsgott | Maya | Internet (unsicher) |
| Ajbit | Einer der 13 Götter, die die Menschen erschaffen haben. Schöpfergott. | Maya | Internet (unsicher) |
| Ajtzak | Einer der 13 Götter, die die Menschen erschaffen haben. Schöpfergott. | Maya | Internet (unsicher) |
| Akhushtal | Göttin der Geburt | Maya | Internet (unsicher) |
| Alahom Naom Tzentel | Göttin des Bewusstseins, Gedankens und Intellekts. Göttin des Denkens und der Intelligenz. | Maya | Internet (unsicher) |

| | | | |
|---|---|---|---|
| Alom | Gott des Himmels und eines der 7 Götter, die die Welt erschaffen haben. | Maya | Internet (unsicher) |
| Asat | Gott des Lebens | Maya | Internet (unsicher) |
| Auilix | Gott der Dämmerung | Maya | Internet (unsicher) |
| Bacabs, Bacab | Die 4 Riesen, die in den 4 Himmelsrichtungen die Welt stützen. Canac im Süden, Ix im Osten, Kan im Norden und Mulac im Westen | Maya | Wikipedia |
| Backlim Chaam | Gott der Männlichkeit und Sexualität des Mannes | Maya | Internet (unsicher) |
| Bolon Dzacab | Gott im Bezug auf die königlichen Linien | Maya | Internet (unsicher) |
| Buluc Chaptan | Gott der Blutopfer und des Krieges. Eine böse, brandschatzende Gottheit. | Maya | Internet (unsicher) |
| Cabracán Cabracá | Erdbebendämon, Zerstörer der Berge, Sohn von Vucub-Caquix. Er wurde von den Brüdern Humapú und Ixbalanqué getötet. | Maya | Wikipedia |
| Cakulha | Untergebener von Yaluk, Gott der kleineren Blitze, Bruder von Coyopa. | Maya | Internet (unsicher) |
| Camazotz | Fledermausgott, der mit seinen scharfen Zähnen den Menschen den Kopf abtrennen kann. Er ist der Mörder von Hun-Hunapù. Gott der Unterwelt. | Maya | Wikipedia |
| Came | Gott A. Herscher von Xibalba. Gegenspieler von Hunahau. Im Ballspiel wurde er und seine Verbündeten von Hunapu und Ixbalanquè besiegt. | Maya | Wikipedia |

| Name | Beschreibung | Kultur | Quelle |
|---|---|---|---|
| Canac | Einer der 4 Riesen, die in den 4 Himmelsrichtungen die Welt stützen. Canac im Süden, Ix im Osten, Kan im Norden und Mulac im Westen | Maya | Wikipedia |
| Chaac  Chac | Gott des Regens, der Blitze, des Donners und des Windes. Gott des Sturmes. Gott der Fruchtbarkeit und des Ackerbaus. | Maya | Wikipedia Chaac |
| Chac Bolay | Gott der Zwischenwelten | Maya | Internet (unsicher) |
| Chac-Xib-Chac | Gott der Opferung und des Tanzes. | Maya | Internet (unsicher) |
| Chalchiuhtlicue | Wassergöttin, Die neun Herren der Stunden der Nacht, 6. Stunde | Azteken | Codex: Telleriano-Nemensis, Borbonicus und Bologna, Tonamlamatl Albin. Seler, Beobachtungen ...Palenque, S. 57 |
| Chicomecoatl | Maisgöttin | Azteken | |
| Chilan | Gott der Wahrsager und Priesterund konnte vermitteln zwischen den Diesseits (MITNAL) und Jenseits (XIBALBA) | Maya | Wikipedia |
| Chirakan-Ixmucane | Sind die 4 Götter, die die Welt erschufen und sich durch 2 teilten, damit weitere 4 Götter entstehen konnten. | Maya | Internet (unsicher) |

| | | | |
|---|---|---|---|
| Cihuacouatl Ilamatecutli | Göttin des 17. Jahresfestes Tititl, weibliche Schlange, | Azteken | Seler, Beobachtungen ...Palenque, S. 126, Codex Borbonieus 36 |
| Cinteotl | Maisgott, Die neun Herren der Stunden der Nacht, 4. Stunde | Azteken | Codex: Telleriano-Nemensis, Borbonicus und Bologna Tonamlamatl Albin. Seler, Beobachtungen ...Palenque, S. 57 |
| Cit Bolon Tum | Gott der Medikamente, Medizingott. | Maya | Internet (unsicher) |
| Cizin Kisin | Gott der Erdbeben und des Todes. | Maya | Internet (unsicher) |
| Couatlicue | Göttin, die ein Hüfttuch aus Schlangen trägt. | Azteken | Seler, Beobachtungen ...Palenque, S. 126 |
| Coyolxauhqui | Mondgöttin | Azteken | Internet (unsicher) |
| Coyopa | Gott des Donners, Bruder von Cakulha. | Maya | Internet (unsicher) |
| Cumhau | Gott der Unterwelt | Maya | Internet (unsicher) |
| Ehecatl | Windgott | Azteken | Internet (unsicher) |
| Ek | Der schwarze Gott, Gott der westlichen Weltgegend. | Maya | Internet (unsicher) |
| Ek Chua Ek Chuah Ekchuah Ek Chuach | Gott des Handels, Gott M. Gott der Kaufleute und der Kakaopflanze. In den Codices wird er oft als Kriegsgott dargestellt. | Maya | Wikipedia |
| Hacauitz | Gott der Berge | Maya | Internet (unsicher) |

| | | | |
|---|---|---|---|
| Huehueteotl | Kriegsgott, Sonnengott und ihm zu ehren wurden Menschen geopfert. | Azteken | Internet (unsicher) |
| Huitzilopochtli | Schutzgott des Landes | Azteken | Internet (unsicher) |
| Hun Ahau, Ah Puch, Hun Hau, Yum Cimil, Cizin Uac, Mitum Ahau | Gott des Todes. Der Maya-Gott HUN AHAU oder auch Uac Mitum Ahau war der Herrscher über MITNAL, das Reich der Toten und NICHT wie oft verwechselt über Xibalba, das in etwa unserem Fegefeuer entspricht. Hunahau ist der finstere Gott des Todes und die Personifikation der Finsternis. Er opferte sich, indem er starb und ins Reich der Toten (Mitnal) hinabstieg, um danach wieder aufzuerstehen. Die Gläubigen brachten ihm Opfer, um ihr Leben zu verlängern. Ah Puch oder Hun Ahau soll das Gegenteil von Itzamná sein. | Maya | Dr. Alberto Ruz Lhuillier benannte ihn: "Cizín" (Kizin); Bischof Diego de Landa benannte ihn "Uac Mitum Ahau"; Eric Thompson "Chac Mitum Ahau". Oft findet man auch die Bezeichnungen "Hun Ahau", "Yum Cimil" (Yum-Kimil) (Herr des Todes) oder auch Ah Puch. |
| Hun Batz | Ältester Sohn von Hun-Hunapu. Zwilling von Hun Chouen. Wurde von Hunahpú und Xbalanque - zusammen mit seinem Zwillingsbruder - in einem Affen verwandelt. So wurde er zum Beschützer der Artisten und Tänzer. | Maya | Internet (unsicher) |

| | | | |
|---|---|---|---|
| Hun Chouen | Ältester Sohn von Hun-Hunapu. Zwilling von Hun Batz. Wurde von Hunahpú und Xbalanque - zusammen mit seinem Zwillingsbruder - in einem Affen verwandelt. So wurde er zum Beschützer der Artisten und Tänzer. | Maya | Internet (unsicher) |
| Hun Hau, Ah Puch, Hun Ahau, Yum Cimil, Cizin Uac, Mitum Ahau | Gott des Todes. Der Maya-Gott HUN AHAU oder auch Uac Mitum Ahau war der Herrscher über MITNAL, dem Reich der Toten und NICHT wie oft verwechselt über Xibalba, das in etwa unserem Fegefeuer entspricht. Hunahau ist der finstere Gott des Todes und die Personifikation der Finsternis. Er opferte sich, indem er starb und ins Reich der Toten (Mitnal) hinabstieg, um danach wieder aufzuerstehen. Die Gläubigen brachten ihm Opfer, um ihr Leben zu verlängern. Ah Puch oder Hun Ahau soll das Gegenteil von Itzamná sein. | Maya | Dr. Alberto Ruz Lhuillier benannte ihn: "Cizín" (Kizin); Bischof Diego de Landa benannte ihn "Uac Mitum Ahau"; Eric Thompson "Chac Mitum Ahau". Oft findet man auch die Bezeichnungen "Hun Ahau", "Yum Cimil" (Yum-Kimil) (Herr des Todes) oder auch Ah Puch. |
| Hun Nal | Gott des Mais' | Maya | Internet (unsicher) |
| Hunabku Hunab-Ku | Höchste Göttin und Schöpfer des Universum. Gottheit über den Göttern. Hunab-Ku ist die Ur-Energie. Schöpfergottheit des Itzamná. | Maya | Wikipedia |

| | | | |
|---|---|---|---|
| Hunahau<br>Hun Ahau | Gott des Todes und Herrscher über Mitnal. Hunahau stieg in menschlicher Gestalt auf die Erde herab und starb, um sie zu erlösen. | Maya | Wikipedia |
| Hunahpú | Kämpfte im Ballspiel gegen die Götter. Einer der zwei Helden mit Xbalanque, die die Götter der Unterwelt besiegten. Opferte sich als Heroe und stieg dadurch zum Sonnengott auf. Er ist Sohn Hun-Hunapús und Zwillingsbruder von Ixbalanqué, mit dem er zusammen Vucub-Caquix besiegte, die Menschen erschuf und in Xibalbá den Tod seines Vaters rächte. Nach der Zerstückelung der Geschwister im rituellen Ballspiel erhoben sie sich als Götter zum Himmel. | Maya | Wikipedia |
| Hun-Hunapu | Gott des Mais, Maisgott und Vater der Zwillinge Hunahpú und Xbalanqué | Maya | Internet (unsicher) |
| Huracán | Sternengott, später der Gott des Windes und der Hurrikane, des Sturmes und des Feuers sowie der Fruchtbarkeit und stand für die ungezügelten Kräfte der Natur. | Maya | Wikipedia |
| Ilamatecutli Ciuacouatl | Göttin des 17. Jahresfestes Tititl, weibliche Schlange, | Azteken | Seler, Beobachtungen ...Palenque, S. 126, Codex Borbonieus 36 |

| | | | |
|---|---|---|---|
| Itzamná | Gott D. Gründer der Maya-Kultur. Trägt den Titel „Herr des Wissens" und der Wissenschaft. Er brachte seinem Volk Mais und Kakao und lehrte sie das Schreiben, die Heilkunde und den Gebrauch des Kalenders. Als Kulturstifter wurde er zum Staatsgott des Maya-Reiches. Als Sonnen- und Himmelsgott herrscht er über Tag und Nacht. Er ist der Sohn von Hunabku und als Gemahl von Ixchel Vater der Bacabs. Seine Attribute sind die Schlange und die Muschel. Der alte Himmelsgott. Er entspricht in etwa Zeus, in der griechischen Mytologie. Wird oft als Vater empfunden, der zurückgezogen lebt. | Maya | Wikipedia Seler, Beobachtungen ...Palenque, S. 61 |
| Itztli | Steinmessergott, Die neun Herren der Stunden der Nacht, 2. Stunde | Azteken | Codex: Telleriano-Nemensis, Borbonicus und Bologna Tonamlamatl Albin. Seler, Beobachtungen ...Palenque, S. 57 |
| Ix | Einer der 4 Riesen die in den 4 Himmelsrichtungen die Welt stützen. Canac im Süden, Ix im Osten, Kan im Norden und Mulac im Westen | Maya | Wikipedia |
| Ix Chebel Yax | Brachte den Maya die Farbmusterwebkunst und war Göttin der Malerei und Bilderschrift. | Maya | Wikipedia |

| | | | | |
|---|---|---|---|---|
| Ix Chel Ixchel | | Göttin des Regenbogens. Göttin des Wassers, der Geburt und des Webens. Ehefrau von Itzamná. Sie ähnelt Hera aus der griechischen Mytologie. | Maya | Internet (unsicher) |
| Ix Ch'up Ix U | | Göttin des Mondes | Maya | Internet (unsicher) |
| Ixaluoh | | Göttin des Webens | Maya | Internet (unsicher) |
| Ixbalanqué | | Sohn Hun-Hunapús und Zwillingsbruder von Hunapú, mit dem er zusammen Vucub-Caquix besiegte und in Xibalbá den Tod seines Vaters rächte. Nach dem Sieg über die Unterwelt in der Zerstückelung der Geschwister im rituellen Ballspiel verwandelten sich die Helden in Sonne und Mond. | Maya | Wikipedia |
| Ixchel | | Erd- und Mondgöttin der Maya Schutzherrin der Wasser, des Regenbogens und der Schwangeren. Sie erfand die Webkunst. In einigen Überlieferungen scheint sie mit der Fruchtbarkeitsgöttin Ixcanleom identisch zu sein. | Maya | Wikipedia |
| Ixtab | | Schutzgöttin der Selbstmörder, die bei den yukatekischen Mayas direkt ins Paradies gelangen. | Maya | Wikipedia |
| Kan | | Einer der 4 Riesen die in den 4 Himmelsrichtungen die Welt stützen. Canac im Süden, Ix im Osten, Kan im Norden und Mulac im Westen | Maya | Wikipedia |

| | | | |
|---|---|---|---|
| Kauil | Gott des Feuer. Gott der okulten Seele des Menschen und des heiligen Feuers im Innern des Menschen. | Maya | Internet (unsicher) |
| K'awiil | Gott K. Ein Gott der Abstammung und Herrschaftslegitimation, war auch mit Wetterphänomene assoziiert; als Tojil Hauptgott der Quiché im Popol Vuh; zeigt Wesensverwandtheit mit Huracán und Chaac | Maya | Wikipedia |
| Kinich Ahau | die Personifikation der Sonne und in einigen Überlieferungen Vater des Itzamná. Später wird er zu einer Erscheinungsform des letzteren. Sonnengott, wird als junger oder alter Mann dargestellt. Bei seiner Reise durch die Unterwelt wurde er bei Nacht zum Jaguargott. | Maya | Wikipedia |
| Kinich Kakmó | Sonnengott, wahrscheinlich Kinich Ahau. | | Internet (unsicher) |
| Kukulcan Gukumatz | Gott der Schöpfung. Der gefiederte Schlangengott und ist das Äquivalent zum aztekischen Quetzalcoatl. | Maya | Wikipedia Diego de Landa "Relacion de la cosas de Yucatan" |
| Mayahuel | Göttin die den Pulque (Schnaps) entdeckte. | | Internet (unsicher) |

| | | | |
|---|---|---|---|
| Mictlautecutli | Todesgott, Herr des Totenreichs, seine Gefährtin war Mictecacihuatl, Die neun Herren der Stunden der Nacht, 5. Stunde | Azteken | Codex: Telleriano-Nemensis, Borbonicus und Bologna Tonamlamatl Albin Seler, Beobachtungen ...Palenque, S. 57 |
| Mitnal | Das Totenreich, die Hölle der Maya, in das die Seelen böser Menschen nach ihrem Tod eintreten. Hunahau herrscht darüber. | Maya | Wikipedia |
| Mulac | Einer der 4 Riesen die in den 4 Himmelsrichtungen die Welt stützen. Canac im Süden, Ix im Osten, Kan im Norden und Mulac im Westen | Maya | Wikipedia |
| Nacon | Gott des Krieges, Kriegsgott | Maya | Internet (unsicher) |
| Pauahtun | Sturm- und Donnergott. Alkoholiker der die Aufgabe hatte das Himmelsgewölbe zu halten. Mit Muschel und Schildplatt in der Hand. | Maya | Internet (unsicher) |
| Pilzintecutli | Sonnengott, Gott der Fürsten, Die neun Herren der Stunden der Nacht, 3. Stunde | Azteken | Codex: Telleriano-Nemensis, Borbonicus und Bologna Tonamlamatl Albin Seler, Beobachtungen ...Palenque, S. 57 |
| Quetzalcoatl | Gott der Bildung und des Kalenders, Gott der Kunst und des Handwerkes, sowie Schutzherr des Klerus. | Azteken | |

| | | | |
|---|---|---|---|
| Temazcalteci | Grossmutter der Schwitzbäder, Göttin | Azteken | Seler, Beobachtungen ...Palenque, S. 127 |
| Tepeyollotl | Gott der Höhlen, das Herz der Berge, Die neun Herren der Stunden der Nacht, 8. Stunde" | Azteken | Codex: Telleriano-Nemensis, Borbonicus und Bologna Tonamlamatl Albin Seler, Beobachtungen ...Palenque, S. 57§ |
| Tepoztecatl | Gott des Cotli, ein Schnaps. | Azteken | Internet (unsicher) |
| Teteoinnan | Mutter der Götter, Toci=unsere Grossmutter, ihr zu ehren wurden Menschen geopfert. | Azteken | Internet (unsicher) |
| Tezcatlipoca | Schöpfergottheit | Azteken | Internet (unsicher) |
| Tlaçolteotl | Mond- und Erdgötting, Göttin des Unrates, des Schmutzes und der Sünde, Die neun Herren der Stunden der Nacht, 7. Stunde, | Azteken | Codex: Telleriano-Nemensis, Borbonicus und Bologna, Tonamlamatl bei Albin Seler, Beobachtungen ...Palenque, S. 57 |
| Tlaloc | Regengott, Gewittergott, Die neun Herren der Stunden der Nacht, 9. Stunde | Azteken | Seler, Beobachtungen ...Palenque, S. 57 |
| Tlaltecutli | Erdgott | Azteken | Internet (unsicher) |
| Tohil | Gott des Feuers und des Opfers. | Maya | Internet (unsicher) |
| Tonatiuh | Sonnengott | Azteken | Internet (unsicher) |

| | | | |
|---|---|---|---|
| Tzinteotl | Maisgott | Azteken | Internet (unsicher) |
| Uac Mitum Ahau, Yum Cimil, Cizin. Ah Puch, Hun Hau, Hun Ahau | Gott des Todes. Der Maya-Gott HUN AHAU oder auch Uac Mitum Ahau war der Herrscher über MITNAL, dem Reich der Toten und NICHT wie oft verwechselt über Xibalba, das in etwa unserem Fegefeuer entspricht. Hunahau ist der finstere Gott des Todes und die Personifikation der Finsternis. Er opferte sich, indem er starb und ins Reich der Toten (Mitnal) hinabstieg, um danach wieder aufzuerstehen. Die Gläubigen brachten ihm Opfer, um ihr Leben zu verlängern. Ah Puch oder Hun Ahau soll das Gegenteil von Itzamná sein. | Maya | Dr. Alberto Ruz Lhuillier benannte ihn: "Cizín" (Kizin); Bischof Diego de Landa benannte ihn "Uac Mitum Ahau"; Eric Thompson "Chac Mitum Ahau". Oft findet man auch die Bezeichnungen "Hun Ahau", "Yum Cimil" (Yum-Kimil) (Herr des Todes) oder auch Ah Puch. |
| Votan | wurde von den Maya-Göttern beauftragt, zum Gründer der Kultur in Amerika zu werden und gründete die Stadt Palenque. Nach dieser Aufgabe wurde er zum Gott erhoben. | Maya | Wikipedia |
| Vucub Caquix | Masste sich an zu behaupten, Sonne, Mond und Erde gleichzeitig zu sein und wurde daraufhin von Hunapú und Ixbalanqué getötet. Er ist Vater von Cabracá und Zipacná. | Maya | Wikipedia |
| Xaman Ek | Gott des Polarsterns. Schutzherr der Kaufleute und Händler. | Maya | Wikipedia |

| Name | Beschreibung | Kultur | Quelle |
|---|---|---|---|
| Xbalanqué | Einer der Zwillingsbrüder und Sohn von Hun-Hunapu | Maya | Internet (unsicher) |
| Xibalbá | Die Unterwelt, über die Came herrscht. Xibalba entspricht dem christlichen Fegefeuer. | Maya | Wikipedia |
| Xilonen | Maisgöttin | Azteken | Internet (unsicher) |
| Xipe Totec | Frühlingsgott und Schutzherr der Goldschmiede. Auch Yopi genannt. Ihm zu ehren wurden Menschen geopfert. | Azteken | Internet (unsicher) |
| Xiuhtecutli | Feuergott, Die neun Herren der Stunden der Nacht, 1. Stunde | Azteken | Codex: Telleriano-Nemensis, Borbonicus und Bologna Tonamlamatl Albin Seler, Beobachtungen ...Palenque, S. 57 |
| Xmucane-Xpiyacoe | Zweifacher Gott | Azteken | Internet (unsicher) |
| Xochiquetzal | Blumenschmuckfeder Göttin, Schutzherrin der Liebe | Azteken | Seler, Beobachtungen ...Palenque, S. 127 |
| Xpiyacoe-Xmucane | Zweifacher Gott | Azteken | Internet (unsicher) |
| Yopi | Frühlingsgott und Schutzherr der Goldschmiede. Auch Xipe Totec genannt. Ihm zu ehren wurden Menschen geopfert. | Azteken | Internet (unsicher) |

| | | | |
|---|---|---|---|
| Youaltecutli | Herr der Nacht | Azteken | Seler, Beobachtungen ...Palenque, S. 62 |
| Yum Cimil, Cizin Uac, Mitum Ahau, Ah Puch, Hun Hau, Hun Ahau | Gott des Todes. Der Maya-Gott HUN AHAU oder auch Uac Mitum Ahau war der Herrscher über MITNAL, dem Reich der Toten und NICHT wie oft verwechselt über Xibalba, das in etwa unserem Fegefeuer entspricht. Hunahau ist der finstere Gott des Todes und die Personifikation der Finsternis. Er opferte sich, indem er starb und ins Reich der Toten (Mitnal) hinabstieg, um danach wieder aufzuerstehen. Die Gläubigen brachten ihm Opfer, um ihr Leben zu verlängern. Ah Puch oder Hun Ahau soll das Gegenteil von Itzamná sein. | Maya | Dr. Alberto Ruz Lhuillier benannte ihn: "Cizín" (Kizin); Bischof Diego de Landa benannte ihn "Uac Mitum Ahau"; Eric Thompson "Chac Mitum Ahau". Oft findet man auch die Bezeichnungen "Hun Ahau", "Yum Cimil" (Yum-Kimil) (Herr des Todes) oder auch Ah Puch. |
| Yum Kaax | Gott E. Gott der ungezähmten Natur, ihrer Pflanzen und Tiere und aus diesem Grund auch wichtig für die Maisbauern. Auch Maisgott. | Maya | Wikipedia |
| Yum Xac | Gott des Mais, Maisgott, oft mit einer Maispflanze auf dem Kopf dargestellt. | Maya | Internet (unsicher) |
| Zipacná | War - wie sein Bruder Cabracán - ein Erdbebendämon und trug den Titel „Schöpfer der Berge". Er ist Sohn von Vucub-Caquix und trug in der Nacht Berge zusammen. | Maya | Wikipedia |

© 2016 Pierluigi Peruzzi-Damasco

# 9. Warum darf die Präastronautik nicht existieren?

**Laute Gedanken**

Im Falle eines klaren Beweises aus dem Bereich der Präastronautik würde der Zerfall der abrahamistischen Religionen noch schneller vorangehen. Milliarden von Menschen würden ihren Glauben und einen Grossteil ihrer Traditionen verlieren. Das wäre verheerend. Selbst die buddistisch-hinduistischen Religionen würden einen Teil ihres Gedankengutes verlieren.

Denkt an die Millionen Geschichtsdozenten, die einen Grossteil ihres Wissens in den Müll werfen müssten! Alle politischen Parteien, die sich auf Religionen stützen (z.B. Christdemokraten), würden lächerlich werden.

Zudem spielen wirtschaftliche und politische Motive auch eine grössere Rolle. Die ganze Weltwirtschaft und Politik beruht zum Teil auf den Weltreligionen.

In anderen Worten: Falls man offiziell zugeben würde, dass die Präastronautik recht hat, könnte es zu einer instabilen Weltlage kommen. Ein Weltkrieg ist nicht ausgeschlossen, wenn die Menschen nichts mehr haben, an was sie glauben können.

Aber kann nun die offizielle Anerkennung der Präastronautik zum sozialen Supergau führen?

Falls die Erkenntnis der existierenden Präastronautik plötzlich wie ein Erdrutsch über die Menschheit kommt, könnte doch genau das eintreten. Das wäre dann der soziale Supergau mit all seinen unsozialen Folgen. Folglich müsste man Schritt um Schritt die Menschheit auf das Anerkennen einer sehr antiken Hochzivilisation in der Vorzeit vorbereiten.

Aber das wird heute nicht nur unterlassen, sondern es werden sukzessive "Durchhalteparolen" durchgegeben, wie zum Beispiel "Gott liebt Dich". Wenn man aber von dem todbringenden und rachsüchtigen Gott des Alten Testament liest, der ganze Städte samt Frauen und Kindern niedermetzelt, dann kann der heutige, gut gebildete Leser seine Zweifel haben.

Wir dürfen nicht vergessen, dass die Weltreligionen - wie zum Beispiel die katholische Kirche - von betagten Menschen geführt werden. Ab einem gewissen Alter ist nicht mehr viel Platz für Toleranz und Neues vorhanden. Der religiöse Fanatismus älter werdender Menschen siegt über die Vernunft. Diese älteren Personen werden hartnäckig das verteidigen, was sie immer geglaubt haben.

*In diesem Zusammenhang möchte ich meinen vollen Respekt Papst Benedikts XVI zollen. Er hat wie kein anderer die Konsequenzen aus dem "älter" werden gezogen, sich zurückgezogen und so ein grosses Zeichen für die Zukunft gesetzt. Kein Anderer seiner Vorgänger hatte den Mut dazu oder konnte sich nicht überwinden, die Macht aus den Händen zu geben.*

Gerade die Weltreligionen könnten sich mit einem geplanten Übergang zur Anerkennung ausserirdischer Besucher in der Vorzeit zum Teil retten. Und somit auch unsere sozialen Grundlagen festigen.

**Aber was könnte nun durch diese Jahrtausend alten Lügen entstehen?**

Wenn man mit allen Mitteln versucht, ein instruiertes Volk weiterhin hartnäckig anzulügen, dann geschieht exakt das, was sich heute als kleines Phänomen entwickelt: Die Gläubigen wechseln zur buddhistischen Religion. Dieser Übergang könnte aber plötzlich lawinenartig durchstarten. Insbesondere durch die Erstarkung Chinas und Indochinas. Schlussendlich laufen wir Gefahr, dass Englisch durch Chinesisch ersetzt wird.

Man darf dabei nicht vergessen, dass jeder fünfte Mensch auf der Erde ein Chinese ist. Und zudem ist China eine Weltmacht mit durchstartendem Potenzial. Aber wenige Menschen in der westlichen Welt denken immer noch, dass sie 7 Milliarden Menschen total unter Kontrolle halten können. Diese Meinung zeugt von ausserordentlicher Inkompetenz der heutigen Machtsysteme. Ich frage mich, wann das Kartenhaus der heutigen Machtstrukturen zusammenbrechen wird.

Es ist also höchste Zeit, die fortgeschrittene Bildung und das technische Wissen des heutigen Volkes in den Überlegungen der Religionen und sonstigen Machtstrukturen einzubeziehen, dieser unglaubwürdigen Lüge ein Ende zu setzen und das Volk langsam mit einer glaubwürdigeren Ausgabe der Religion "gläubig" zu halten, und zwar so, dass das Volk den nötigen seelischen Halt findet. Und hier sind Institutionen wie der Vatikan sehr gefragt. Gerade diese Institutionen könnten die Menschheit langsam auf einen glaubhaften Glauben vorbereiten. Aber dazu müsste gerade der Vatikan und noch 2 andere Weltreligionen die Segeln setzen und eine volle Wende vollziehen! Aber da bleibt die Frage offen, ob sie in der Lage sind, die nötige Flexibilität zu entwickeln. Sie behaupten, 200 Jahre Voraus zu denken, aber tatsächlich denken sie 200 Jahre zurück.

Nehmen wir den Vatikan als Basis: Der Glaube an einen einzigen, universellen Schöpfer in der Art und Weise wie es uns die katholische Kirche lehrt, ist nicht mehr glaubwürdig. Denn das alte Testament ist voller Hinweise auf ausserirdische Besucher. Aber gerade die katholische Kirche könnte die Menschheit zu einem glaubwürdigeren Glauben auf der Basis von Jesus Christus verhelfen. Aber um das zu vollziehen, braucht es eben sehr viel Flexibilität seitens der Kirche. Hat die Kirche diese Flexibilität?

## Die offizielle Schulgeschichte

In der offizielle Weltgeschichte werden Massenmörder - wie Könige und Kaiser - hochgelobt und die massenmordenden Kleriker, wie zum Beispiel Bischof Diego de Landa oder der Heilige Kyrill von Alexandria, schonend zur Seite gelegt. Die offizielle Weltgeschichte kann man auch als zitatenfreundliche Entartung der Schulwissen-schaften betrachten. Denn die offizielle Weltgeschichte zitiert meistens redundante Quellen, die sich wiederum so gegen-seitig abstützen. Wenn man einem Zitat der offiziellen Weltgeschichte gründlich nachfolgt, so merkt man, dass man sich im Kreise dreht - d. h., irgendwann zeigt das letzte Zitat wieder auf das Erste.

Bei Entdeckung von relevanten Artefakten, die nicht ins Bild der offiziellen Schulgeschichte passen, fallen immer wieder die gleichen Erklärungen.

Hierzu einige Beispiele davon:

- Lebensbaum,
- die Fahrt in die Unterwelt,
- Götteranbetung,
- Gott der Ernte,
- Göttin der Fruchtbarkeit,
- Gott der Unterwelt,
- Hauptgott,
- die Götter,
- die Rache des Gottes ....,
- Heidnische Kultur,
- ... zeigt den Gott des ....,
- böser Gott,
- guter Gott,
- Rituale,
- etc. etc.,

In der alternativen Geschichte werden derartige Gedankenspiele, die allerdings Bezug auf die historischen Quellen nehmen, als religiöse und logenfreundliche Geschichten bezeichnet.

Meistens sind es negative, götzenbezogene Äusserungen der gutbezahlten Schularchäologen, die uns lehren sollen, dass wir heute die beste Kultur, die beste Religion und die beste Schulbildung haben.

Die Bücher der sogenannten offiziellen Geschichte spielen in einer virtuellen Welt, in der der Lauf der Weltgeschichte auf religiösen Tatsachen beruhen soll. Genau wie Science-Fiction operiert die offizielle Weltgeschichte auf der Basis des "Wunschdenkens" und "Glaubens", wie auch auf dem "Vertrauen" in die Lehren der offiziellen Schulen. Mit der offiziellen Weltgeschichte versucht man vergeblich, ein heute instruiertes Volk "gläubig" zu halten. Dies ist ein Ansinnen, dass unter der heutigen Kenntnissen der Technik gar nicht mehr möglich ist.

Persönlich bin ich fest davon überzeugt, dass wir in den nächsten Jahrzehnten den Zusammenbruch der heutigen Schulgeschichte erleben werden. Mit der Erkundung des Sonnensystems werden noch einige Beweise auftauchen. Insbesondere die Chinesen und die Inder werden nicht schweigen und dann riskieren alle Religionsgelehrten und Geschichtsprofessoren, ins Lächerliche gezogen zu werden. Diese wissen es und klammern sich dennoch an "die Macht der Kirche", die mit allen Mitteln versucht, die Wahrheit zu vertuschen. Aber sämtliche Durchhalteparolen nützen nichts angesichts der mannigfaltigen steinernen Beweise.

## Die alternative Geschichte

Die alternative Geschichte ist diejenige Geschichte, in der "die Götter" Flugobjekte beherrscht haben sollten.

### Die jeder Logik entbehrenden Widerlegungen der Gegner der Präastronautik

Die heutigen Geschichtswissenschaftler, die klar das wiedergeben, was die Religionen und Politiker wünschen, benutzen sehr oft den Begriff "Pseudowissenschaft", um uns, Anhänger der Präastronautik, zu beleidigen. Aber unter uns gibt es bereits Millionen von Anhängern, die sich nicht mehr beirren lassen. Die heutigen Geschichtsgelehrten finden immer wieder phantasievolle Erklärungen für das, was nicht sein darf. Aber Zacharia Sitchin, Erich von Däniken und viele Andere haben in den letzten Jahren sehr viele Dinge veröffentlicht, die klar den heutigen Religionen und Geschichtsgelehrten widersprechen.

**Ich kann den heutigen Geschichtsgelehrten nur eins empfehlen: Hört doch bitte auf, Euch hinter den alten Zöpfen zu verstecken und beginnt mit der "Flucht nach Vorne". Denn eins ist schon jetzt gewiss: Ihr werdet irgendwann unter dem Beharren auf den alleinigen Besitz des Wissens der Wahrheit zu leiden haben und später lächerlich gemacht werden. Eine ehrenvolle Zukunft gibt es für Euch nicht. Kann es gar nicht geben.**

## Fragen an den heutigen Historiker

**A.**
Warum haben die alten Römer keine Kanonen gebaut? Metall, Schwefel, Kohle und Salpeter waren ihnen bekannt. Auch das Giessen von Metall kannten sie bereits. Zudem waren sie sehr kriegerisch veranlagt. Also warum bauten sie keine Kanonen?

Die einzig richtige Antwort kann nur eine sein:

Das Wissen, um Kanonen zu bauen, fehlte den alten Römern, auch wenn das Material vorhanden war.

**B.**
Warum hat Leonardo da Vinci nicht einen Deltasegler gebaut und darauf einen grossen Treibsatz eines Feuerwerkskörpers gefestigt? Er hätte damit sogar starten können. Das Material war vorhanden, die Idee eines Seglers hatte er bereits entwickelt und was ein Treibsatz eines Feuerwerkskörpers ist, das wussten die Italiener bereits ein paar Jahrhunderte vorher.

Aber Leonardo da Vinci hatte einfach das heutige Wissen nicht. So konnte er mit dem damaligen Material nichts anfangen. Möglich aber wäre es gewesen. Zudem verwenden heute die Weltraumagenturen Feststoffraketen. Sie sind noch immer die effektivsten Schubmittel. Diese Feststoffraketen sind den Treibsätzen antiker Feuerwerkskörpern sehr ähnlich.

**C.**
Die alten griechischen Gelehrten kannten Eisen, Kupfer, Messing, Ton und Holz. Auch die magnetischen Felsen waren ihnen bestimmt bekannt. Warum haben sie keinen elektrischen Motor oder Dynamo gebaut? Das Material hatten sie ja.

**Fazit**

Ich könnte hier noch Tausenden von Fragen stellen. Aber das Resultat wäre immer dasselbe: In der Antike hatten die Gelehrten zwar das Material, aber nicht unser heutiges Wissen und somit sind sämtliche Tests, die man Dank des heutigen Wissen nachvollziehen kann, einfach als grober Unfug zu betrachten. Im Gegenteil, wir Freunde der Präastronautik dürfen sogar sagen, dass das Wissen bei wenigen "Götter" vorhanden war, aber die damaligen Gelehrten es nicht hatten. Somit geben die Tests, die aufzeigen, wie man mit Seilen und Seilwinden alles verschieben kann, uns Freunde der PA recht und nicht den heutigen Schulgelehrten. Denn Seilwinden mit Stahlrädern kannte man damals nicht. Also hört bitte auf mit diesem Unfug.

*Moses: 19.18*
*Und der ganze Berg Sinai rauchte, weil der HERR im Feuer auf ihn herabkam. Und sein Rauch stieg auf wie der Rauch eines Schmelzofens, und der ganze Berg erbebte heftig.*

# 10. Die alternative Korrelation des Maya-Datums

Eine alternative Möglichkeit der Korrelation des Maya-Datum, die im Widerspruch zum aktuellen Wissensstand steht.

**Einleitung**

Seit 500 Jahren wird behauptet, dass die Maya einen "Tageskalender" hätten, dessen Jahre mit 365 Tagen gezählt werden - oder sogar nur mit 360 Tagen. Jener Kalender soll zudem nach Tagen ablaufen und nicht nach astronomischen Sonnenjahren. Zudem soll ein Long Count der Tage über die Jahre hinweg laufen.

Nachdem man dem Volk der Maya einen unlogischen Kalenderaufbau zumuten will, kam ich zum Schluss, dass die gebotene Lösung nicht stimmen kann.

Passend zu diesem Kontext soll Bischof Diego de Landa seinerzeit behauptet haben, dass die Maya alle vier Jahre ein Schaltjahr einlegen würden. Auch das kann ich nicht glauben. Dass er gar nichts verstanden hat, beweist seine wissenschaftliche Kapitulation, als er in seinem christlichen Wahn alles verbrennen und sämtliche Mayagelehrten umbringen liess. So blieb hinterher niemand und nichts mehr übrig, der uns den Maykalender erklären konnte. Dennoch sprechen die Datumsangaben auf den Bildern, Stelen und Codizes ganze Bände.

Man muss sich ja dessen Bewusst werden, dass die Maya die Sonnenfinsternisse, Mondzeiten und Venusstände kannten. Wie sollte man diese überhaupt berechnen können, wenn der Kalender nicht stimmt? Man hört ja immer wieder von einem sogenannten "Korrelationsproblem". Ein Problem, das ich anders als die Anderen sehe und Euch gerne aufzeigen würde.

Zudem betrachte ich die Aussage, dass die Maya in Abertausenden von Tagen rechneten, als vollkommen unrealistisch. Das ergibt keinen vernünftigen Sinn bei einem Volk das zu jedem Frühling ein Volksfest veranstaltete und astronomische Einrichtungen baute. Diese Tausenden von Tagen sind eher als Erfindung der christlichen Mönche zu verstehen, die nach dem Tod von Bischof de Landa einreisten und keine Mayagelehrten mehr vorfanden. Die besagten Mönche kamen mit den aztekischen Kalender (NICHT dem Maya-Kalender) nicht klar und so erfanden sie einen Zyklus von 52 Jahren. Aber diese 52 Jahre sind keine Erfindung der Maya.

**Auch stolpert man immer wieder über den aztekischen Kalender, wenn man eine Lösung zum Maya-Kalender sucht - das ist irreführend.**

In der Folge möchte ich aufzeigen, dass die Maya in ganzen, korrekten Jahren rechneten. Vorerst einmal wollen wir das "Tun" und das "Haab" strikte auseinanderhalten.

### Die prinzipielle Logik eines Kalenders

Zuerst muss man sich fragen: Wozu dient ein Kalender?

Meiner Ansicht nach besteht die Aufgabe eines Kalenders darin, den ganzen Ablauf einer Gesellschaft zu koordinieren. Um diesen Ablauf zu koordinieren, bedarf es eines astronomischen Kalenders, der im Grossen und Ganzen die Jahreszeiten berücksichtigen muss. Mais oder Korn müssen schliesslich zu bestimmten Zeiten gesät werden und auch die Jagd will gut koordiniert sein. Zudem müssen viele Saläre periodisch bezahlt und andere finanzielle Verpflichtungen geordnet werden. Dazu bedarf es einen Kalender mit Monaten oder Wochen, der allen diesen Aufgaben gerecht wird. Mit anderen Worten: Ein Kalender, der die 365,256 Tage des Jahres respektiert und eine saubere Aufteilung aufweist.

Da wir hier die Korrelationsprobleme zwischen dem Maya-Kalender und dem Gregorianischen Kalender besprechen, möchte ich alternativ und als objektives Beispiel den **flexible Jahreskalender der Chinesen** einbringen. Denn die Chinesen haben nicht den flexiblen Monat Februar oder den "Uayeb" der Maya, sie haben das Problem anders gelöst. Das Jahr der Chinesen fängt immer nach einem bestimmten Neumond, nach dem kürzesten Tag an. Und zwar dann, wenn es deutlich wieder wärmer zu werden beginnt und in Mittelchina der Frühling langsam erwacht. Dieser sehr flexible Kalender erlaubt es dann, den fehlenden Vierteltag einzubeziehen. Zwar hat damit jedes Jahr eine komplett andere Anzahl an Tagen, doch die Jahreszeiten werden im Grossen und Ganzen berück-sichtigt. Bei den Mayas läuft es meiner Meinung nach sehr ähnlich ab.

## Tun & Haab

Dass die Maya schlussendlich auf korrekte Jahre kamen, wird durch deutliche Tatsachen und verschiedene Indizien bewiesen. Trotzdem muss man berücksichtigen, dass der Zyklus des "**Haab**"-Jahres den 19 Monaten der Maya entspricht. Also ein Kalenderjahr bedeutet. Während das "**Tun**"-Jahr das effektive siderische Jahr von 365,256 Tagen darstellen sollte.

**Das "Haab"**

Die Maya veranstalteten jedes Jahr Frühlingsfeste. Zudem haben die Maya auch immer den ganzen **"Jahreszyklus des Haab"** mit seinen 19 Monaten dargestellt. Das Bild oben ist ein starkes Indiz für meine Theorie. Denn dieses Bild des vollen Jahreszyklus des "Haab" zeigt unmissverständlich auch den 19. Monat "Uayeb". Dass es keinen 20. Monat gibt, wird auch durch die Tatsache bekräftigt, dass in den Inschriften der Maya die Monate von x.x.x.0.x - x.x.x.18.x zu finden sind. Da die Numerierung mit 0 anfängt ist zwangsläufig die Zahl 18 als der 19. Monat zu betrachten. Ein 20. Monat ergäbe so die 19, die an 4. Stelle der Mayadaten nirgends zu finden ist.

**Als Beispiel folgende Betrachtungsweise:**

**Bei uns fängt das Jahr am 1.01.YYYY an.**

**Bei den Maya fängt das Jahr am Y.Y.Y.0.0. an.**

Das heisst, dass der 1.01. bei den Maya der 0.0. ist. Das ist ein Stolperstein für jeden logisch denkenden Menschen, denn eine "0" soll der erste Tag bedeuten.

| 0 | Pop | 1. Monat |
|---|---|---|
| 1 | Uo | 2. Monat |
| 2 | Zip | 3. Monat |
| 3 | Zotz, Sotz' | 4. Monat |
| 4 | Zec, Sek | 5. Monat |
| 5 | Xul | 6. Monat |
| 6 | Yaxkin, yaxk'in | 7. Monat |
| 7 | Mol | 8. Monat |
| 8 | Chen, Ch'en | 9. Monat |
| 9 | Yax | 10. Monat |
| 10 | Zac, Sak | 11. Monat |
| 11 | Ceh | 12. Monat |
| 12 | Mac, Mak | 13. Monat |
| 13 | Kankin | 14. Monat |
| 14 | Muan | 15. Monat |
| 15 | Pax | 16. Monat |
| 16 | Kayab | 17. Monat |
| 17 | Cumku | 18. Monat |
| 18 | Uayeb / Wayeb | 19. Monat |

Die ersten 18 Monate haben 20 Tage. Eine Ausnahme bildet der 19. Monat. Der 19. Monat kann man als "Ausgleichsmonat" oder Schaltmonat bezeichnen.

Jedoch gerade "Haab" und "Tun", die nicht das Gleiche bedeuten, sind stark irreführend, wenn man sie nicht strikt auseinanderhält.

Die Maya hatten sogar astronomische Einrichtungen gebaut, wie zum Beispiel das Maya-Observatorium von Chichén Itzá. Sie hatten folgedessen zumindest astronomische Grundkenntnisse und ganz bestimmt wussten sie, wie lange ein siderisches Jahr ist.

Wie bereits erwähnt, ist meiner Meinung nach der **alte Aztekische Kalender** fehlerhaft. Bereits in einem früheren Text hatte Francisco de las Navas geschrieben: *"Diese Eingeborenen sind immer verwirrt, weil sie kein Schaltjahr haben"*. Die 13 Schalttage in einem Zyklus von 52 Jahren wurden scheinbar auf Bemühen der christlichen Mönche eingeführt, um den Azteken (nicht den Maya) das Schaltjahr zu ermöglichen.

**Also müssen wir nun ein für alle Mal zwischen dem Aztekischen- und dem Maya-Kalender differenzieren.** Auch die 52 Jahre sind vorerst einmal wegzudenken. Denn diese zwei Kalender haben nichts Gemeinsames. Zudem stammen sie aus 2 verschiedenen Kulturen.

Hierzu möchte ich auch John Seberg zitieren:

John Seberg schreibt in seinem Buch "Der Maya-Kalender 1501-1600" über das Problem der Korrelation:
*"Die spanischen Eroberer haben sich überhaupt nicht um die vorhandene Maya-Kultur gekümmert, ja sie haben sogar mit christlich missionarischem Eifer möglichst alle Zeugnisse der aus ihrer Sicht heidnischen Kultur zerstört. Daher gibt es keine historisch verbürgte Korrelation zwischen dem Maya-Kalender und dem julianischen bzw. dem gregorianischen"*.

Da hat er leider recht.

Weiter schreibt J. Seberg: "*Da sich die Maya sehr intensiv mit Astronomie befasst haben, sind unter den wenigen erhaltenen Schriftwerken einige mit astronomischen Aufzeichnungen. So können Sonnen-, Mond-, Venus und Jupiterdaten für die Korrelation herangezogen werden.*"

Hier beschreibt er etwas richtig, aber man führt es heute als "irreführend" aus.

Als endgültiger Beweis meiner Theorie werde ich in der Folge ein Beispiel der exakten Korrelation mit den astronomischen Daten aufzeigen. Hier wurden ganz klar in den letzten 500 Jahren nicht nach alternativen Lösungen gesucht. Man beharrt lieber stur bei den Abertausenden von Tagen. Die sind so irreführend, dass selbst intelligente Wissenschaftler sie nicht widerlegen können.

# Die starken Indizien meiner alternativen Korrelation

## Disco de Chinkultic

Der **"Disco de Chinkultic"** ist der eigentliche Grundstein meiner alternativen Korrelation.

Es handelt sich um eines der schönsten Maya-Artefakte, zeigt auf das Maya-Datum 9.7.17.12.14.11 und ist eines der frappantesten Beispiele des Mayakalenders. **Nach meiner eigenen Rechnung** ergibt es das Gregorianische Jahr 568/69 n.Chr. Das stimmt exakt mit meiner Theorie der Jahresbestimmung überein, denn sowohl am 4. Dezember 568 wie auch am 31. Mai 569 waren 2 Sonnenfinsternisse über Yukatan zu sehen. Ein einmaliges und seltenes astronomisches Ereignis innerhalb von nur knappen 7 Monaten. Ein sehr rares Event in der Geschichte der Menschheit!

Aber **laut den heutigen Gelehrten soll diese Scheibe einen Ballspieler zeigen. Dem widerspreche ich aufs heftigste!**

Hier hat die Liebe zum Fussball und Basketball wohl unsere Gelehrten auf die falsche Fährte geführt.

Was zeigt uns tatsächlich diese Platte: **Meiner Meinung nach einen Gott, der neben der grossen Scheibe des Mondes belustigt 2 Daten in den Händen hält und hin und her schaut! Zudem sitzt er noch obendrein frech auf der Sonne.**

Aber scheinbar bin ich nicht der einzige, der so denkt, denn bis heute konnte ich übers Internet die Zahlen auf den 2 Tafeln nicht eruieren. Sonst wäre es noch einfacher gewesen, die Differenz in Tage umzurechnen und mit der Differenz der realen Sonnenfinsternisse zu kontrollieren.

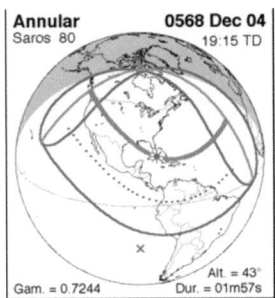 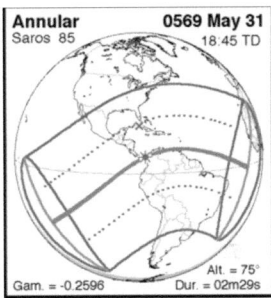

*Oben, Bilder der NASA, USA*
*Die zwei Sonnenfinsternisse innerhalb von nur 12 Monaten*

Sehr gerne würde ich die Übersetzung der Zeichen auf den 2 Platten in der Mitte des Bildes haben, dann könnte ich mir selbst sagen, ob ich recht habe oder nicht. Vielleicht hilft mir jemand von Euch und übermittelt mir die Übersetzung per E-Mail. Meine Adresse finden sie sehr leicht im Internet, da ich keinen alltäglichen Name habe.

**Der Codex Dresden**

Die Seite 50 des "Codex Dresden" (nach der PDF, die ich auf meinem PC habe) untermauert dann endgültig meine Theorie der Korrelation mit den Sonnenfinsternissen und sogar der Supernova im Jahre 1054. Dies bezieht sich auf Punkt C im unteren Bild.

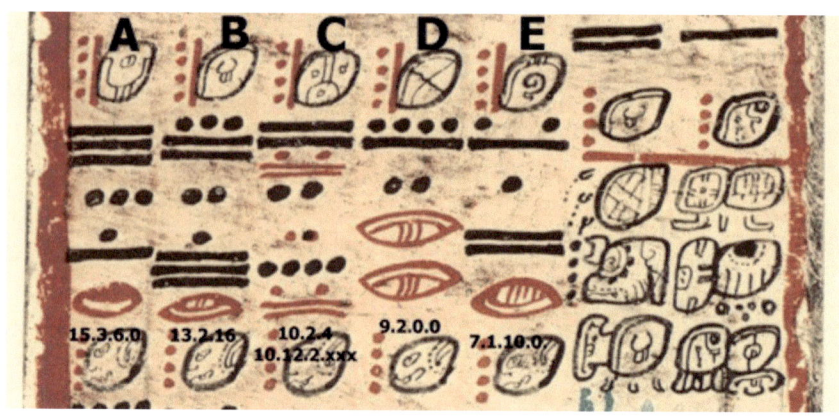

Auf den folgenden Seiten werde ich meine Ansichten über die obigen Punkte A bis E in detaillierter Form erläutern.

**A:** 15.3.6.0. zeigt uns, nach meiner Theorie, das Jahr 2876/2877. Darüber haben wir natürlich noch keine reellen Mond- und Sonnenstände, so überspringen wir erst einmal diese Stelle.

**B:** 13.2.16.0 zeigt nach meinen Berechnungen das Gregorianische Jahr 2067/68 und auch da ist eine geniale Verbindung, denn hier kommen ganz deutlich 3 Sonnenfinsternisse innerhalb von nur 18 Monaten zusammen. Auch ein sehr rares Ereignis. Die Daten sind:

2067.06.11
2067.12.06 und
2068.11.24.

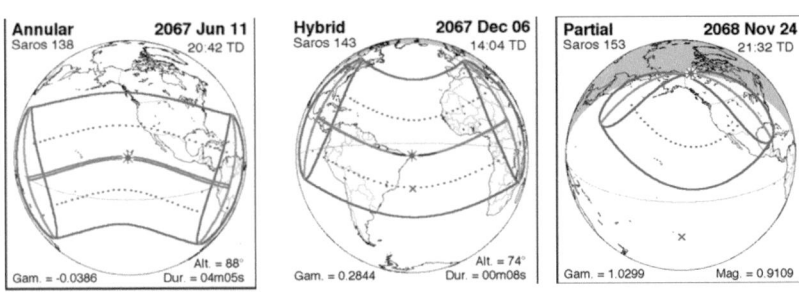

*Quelle der Bilder: NASA, USA*

**C:** Und nun **ein korrigiertes Datum! Ausgezeichnet**! Es sind 2 Daten ineinander "verschachtelt". Das Originaldatum lautete 10.2.4., oder nach meiner Berechnung das Jahr 855/56. Da gab es auch 2 Sonnenfinsternisse innerhalb von weniger als 6 Monaten. Am 17.07.855 und am 11.01.856.

Aber nun kam plötzlich etwas vollkommen Unerwartetes für die Maya und sie korrigierten das Datum auf den 10.12.2.x.x. Das wäre (nach meinen Berechnungen) unser Jahr 1053/54 und siehe da: im April 1054 war eine riesige SUPERNOVA im Sternbild Stier zu sehen. Also das Jahr, wo es 2 Tage lang keine Nächte gegeben haben soll!

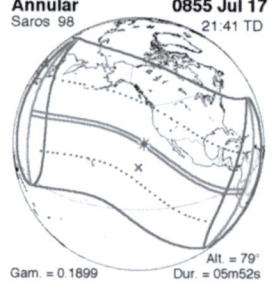 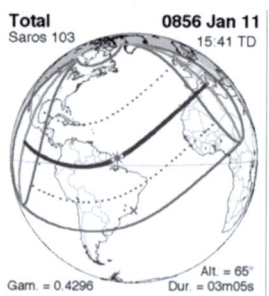

*Quelle der Bilder: NASA, USA*

Diese Korrektur im Codex Dresden hat mich eigentlich bewogen, das vorliegende Buch zu veröffentlichen. Ohne diese Korrektur wäre ich mäuschenstill geblieben und hätte es nicht gewagt, meine vorliegenden Ansichten publik zu machen.

**D:** 9.2.0.0. Hier wird es lustig. Wir haben innerhalb von nur 3 Jahren ganze 4 gut sichtbare Sonnenfinsternisse über Yukatan. Die Daten sind

    450.04.27
    450.10.21
    451.10.10 und
    453.24.24.

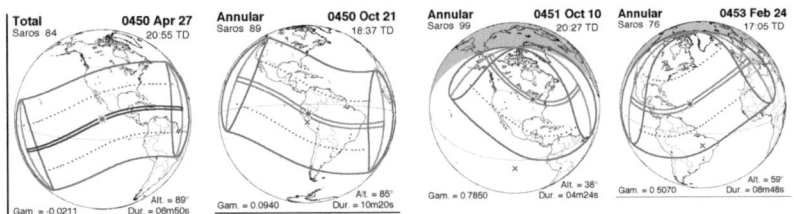

Quelle der Bilder: NASA, USA

**E:** 7.1.10.0. nach meiner Skala (siehe unten) ist es unser Jahr -359/58, also vor unserer Zeitrechnung. Die sichtbaren Sonnenfinsternisse um dieses Datum sind:

-361.11.16
-360.05.12
-359.05.01
-358.09.16 und
-357.03.11

Insgesamt haben wir also innerhalb von 4 Jahren ganze 5 Sonnenfinsternisse über Yukatan! Vermutlich hat hier der Maya-Schreiberling die Daten zusammengezogen.

## Weitere Erkenntnisse

Ich musste für meine Berechnungen irgendwo einen Ausgangspunkt setzen. So habe ich als Startjahr das Gregorianische Jahr 568 genommen. Von diesem Jahr aus bin ich dann weiter gezogen.

Doch so einfach ist es nicht. Denn wie bei den Chinesen, ist auch das "Tun" zu unserem Kalenderjahr "versetzt". Bei meinen Überprüfungen habe ich dann immer mehr feststellen müssen, dass die Jahre der Maya sehr wahrscheinlich an einem der zwei Tage, an dem die Sonne im absoluten Zenit steht, anfangen. Da die Halbinsel Yukatan sich unterhalb des nördlichen Wendekreises befindet, müssen zwangsläufig, innerhalb weniger Monate, 2 versetzte Tage gelten. So erlaube ich mir für den Beginn des Kalenderjahres der Maya einfach den Sommerbeginn zu nehmen oder auch den Äquinoktium der nördlichen Halbkugel. Sehr weit von der Wahrheit liege ich bestimmt nicht entfernt. Aber man muss trotzdem noch mit einem Fehlerkoeffizienten von 20 - 40 Tage rechnen, da das alte Mayareich sich von Norden nach Süden erstreckte.

Nun ein grafisches Beispiel der "versetzten Jahre" (so wie ich das sehe) zwischen dem Maya- und unserem Gregorianischen Kalender:

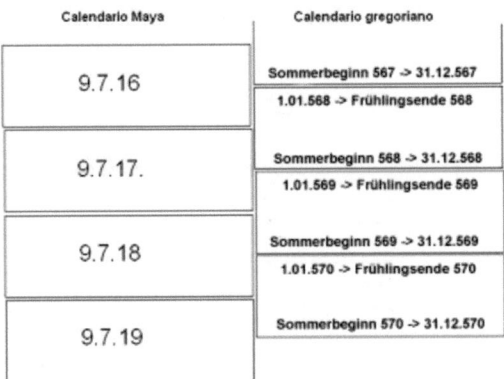

Oben: Das Maya-Jahr "Tun", fängt meiner Meinung nach auf der Halbinsel Yukatan circa am ersten Sonnenhöchststand an. Ich konnte bis jetzt den exakten Tag noch nicht eruieren, da es jedes Jahr und in jeder Stadt in Yukatan ein anderer ist.

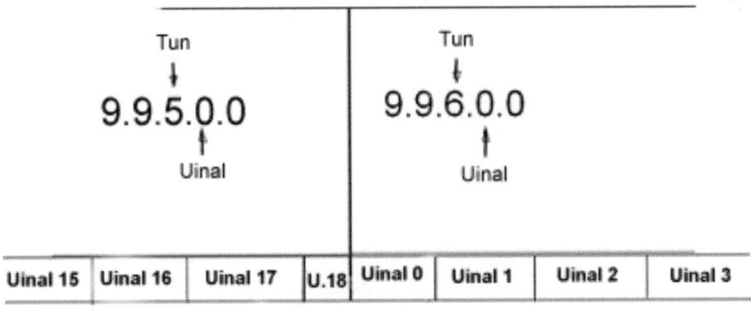

Der Verfasser dieses Buches ist der Ansicht, dass ein kompletter Neubeginn eines Haab, nach dem Monat Uayeb sehr realistisch ist.

**Einen Long Count der Tage oder gar Monate, so wie es unsere Wochen und Tage im Gregorianischen Kalender darstellen, schliesse ich definitiv aus.**

Wichtiger Hinweis: Der Autor nimmt als ungefähre Maya-Jahreswende den ersten, absoluten Sonnenhöchststand jedes Jahres (Tun) an. Dieses Datum stimmt bestimmt nicht jedes Jahr mit dem Gregorianischen Kalender überein und kann um etliche Tage verschoben sein. Insbesondere bei bewölktem Himmel werden die Maya-Priester Mühe gehabt haben, den exakten Tag angeben zu können. So können Differenzen von 4 - 10 Tagen entstehen.

Das Hauptproblem bei der **Suche nach dem Beginn eines "Tun"** (Maya-Jahr) besteht darin, dass sich die Halbinsel Yukatan und die ganze Maya-Kultur unterhalb des nördlichen Wendekreises befand. Das heisst, die Maya haben innerhalb weniger Monate 2x einen Sonnenhöchststand im Jahr. Also jener Tag wo Tag und Nacht gleich lang sind. Das innerhalb 20 - 40 Tagen.

## Eine Möglichkeit zur Feststellung des Sonnenhöchststandes

Da die Halbinsel Yukatan unterhalb des nördlichen Wendekreises zu finden ist, muss zwangsläufig die Sonne - nachdem diese kurz im absoluten Zenit steht - nach einigen Tagen wenden und "zurück" zum absoluten Zenit kommen.

*Oben: Foto aus A. Maudslay*

Der exakte Zeitpunkt, in der die Sonne im absoluten Zenit steht, lässt sich einfach an einer sehr hohen Stele feststellen. Sobald die Stele um die Mittagszeit keinen Schatten mehr abwirft, bedeutet dies, dass die Sonne im Zenit steht.

## Probleme, die zwangsläufig zu Fehler führen

Probleme könnten dann entstehen, wenn der exakte Zeitpunkt in der Nacht wäre oder gar der Himmel voller Wolken wäre. Und gerade hier könnten den Maya-Priestern Fehler unterlaufen sein, die das ganze Haab um einige Tage verlängern oder verkürzen.

Ein solcher Fehler hätte jedoch keine Folgen ergeben, da es im darauffolgenden Jahr wieder ausgeglichen worden wäre. Indem man sich an einer der zwei Sonnenhöchststände richtet, kommt es nach mehreren Jahren automatisch zum Ausgleich.

**Ich fasse mal die möglichen Probleme zusammen, die die Maya-Priester hatten, um den genauen Beginn des Haab oder Tun zu eruieren:**

**1.** Der exakte Zeitpunkt (Uhrzeit), an dem die Sonne im absoluten Zenit über einem Punkt auf einem Breitengrad in Mittelamerika stehen müsste, könnte ohne weiteres auf Mitternacht fallen. Dann steht die Sonne zwar exakt im Zenit, aber auf der gegenüberliegenden Seite des Planeten. 12 Stunden vorher oder 12 Stunden nachher würde eine 7 Meter hohe Stele um die Mittagszeit bereits einen kleinen Schatten werfen. Da könnten Fehler von 1 bis 2 Tagen entstehen.

**2.** Wir wissen nicht, ob der erste oder der zweite Sonnenhöchststand herangezogen werden muss. Der Erste Sonnenhöchststand macht jedoch mehr Sinn.

**3.** Wir wissen nicht welche Stadt der Maya in den Kalendervorgaben leitend war. **Zwischen dem nördlichsten Zipfel des Mayareiches und dem südlichsten, besteht eine Kalenderdifferenz bezüglich des Sonnen-höchststandes von über 1 Monat!**

**4.** Falls der Himmel bewölkt war, werden die Mayapriester Mühe gehabt haben, wann der exakte Beginn sein muss. Nicht zu vergessen ist in diesem Zusammenhang der Wandel des Wetters während den letzten Jahrhunderte.

**5.** Der Krieg zwischen den Mayastädten wird die ganze Sache nicht vereinfacht haben und da besteht die Möglichkeit, dass jede einzelne Stadt einen eigenen Beginn des „Tun" feststellen konnte.

**6.** Die Arbeitsgenauigkeit der Mayapriester muss vorerst noch erkundet werden.

**7.** Auch die Missverständnisse, die sich aus den Zahlen des Maya-Datums und unser Verständnis der Kalenderdaten ergeben, müssen berücksichtigt werden.

**Beispiel**:

**Bei uns fängt das Jahr am 1.01.YYYY an.**

**Bei den Maya fängt das Jahr am Y.Y.Y.0.0. an.**

Das heisst, dass der 1.01. bei den Maya der 0.0. ist. Das ist ein Stolperstein für jeden logisch denkenden Menschen, denn eine "0" soll der erste Tag bedeuten. Also eine "0" soll einen ganzen Tag darstellen! Das ist irreführend.

**Exakte Berechnungen**

Unter der Annahme, dass meine Ansichten über den **Disco de Chinkultic** richtig sei, können wir nun exakte Rechnungen erstellen, da wir die genauen Daten der Sonnenfinsternisse haben und zudem ein Datum auf der Steinscheibe selbst.

**Das genaue Mayadatum auf dem Disco de Chinkultic lautet:**

## 9.7.17.12.14

D.h. der 9. Baktun, der 7. Katun und der 17. Tun, sowie der 12. Monat und der 14. Tag. Aber **die 12 ist irreführend!**

Gerade hier beginnen die Missverständnisse und wahrscheinlich hatten die Mayapriestern selbst Mühe mit diesen Zahlen, weil eine „12" (die Zwölf) nicht der „12." (der Zwölfte) ist.

**Nun rechnen wir rückwärts**

Nach meiner Theorie haben wir auf dem Disco de Chinkultic die erste Sonnenfinsternis am 4. Dezember 568. Zudem haben wir das Monats- und Tagesdatum der Maya 12.14.

Diese 12.14 bedeuten meiner Meinung nach, dass 12 ganze Monaten (0 bis 11) und 14 oder 15 Tage seid Beginn des Haab verstrichen sind. Summa summarum 244 Tage. Das ergibt dann nach meiner Theorie zwangsläufig den 5. April 568. **Das ist jedoch zu früh.**

Falls wir aber falsch rechnen würden, und 11 ganze Monate und 14 Tage annehmen würden, dann haben wir einen Volltreffer, nämlich den 25. April 568. Also das Datum wo die Sonne im südlichen Mayareich damals im Zenit stand. Also in der Gegend von **CHINKULTIC.**

Diese falsche Rechnerei macht die Sache nicht einfacher, aber unter Einbezug aller bereits genannten Fehler-koeffizienten doch glaubwürdiger.

Zudem könnten wir auch annehmen, dass das Datum auf dem Disco ein Zwischendatum sein könnte und nicht das Datum eines der beiden Sonnenfinsternisse.

## Kalenderbezeichnungen der Maya

### Tage innerhalb eines der 19 Uinal (Monate)

| 0 | Ahau | 1. Tag |
|---|------|--------|
| 1 | Imix | 2. Tag |
| 2 | Ik | 3. Tag |
| 3 | Akbal | 4. Tag |
| 4 | Kan | 5. Tag |
| 5 | Chiccan | 6. Tag |
| 6 | Cimi | 7. Tag |
| 7 | Manik | 8. Tag |
| 8 | Lamat | 9. Tag |
| 9 | Muluc | 10. Tag |
| 10 | Oc | 11. Tag |
| 11 | Chuen | 12. Tag |
| 12 | Kb | 13. Tag |
| 13 | Ben | 14. Tag |
| 14 | Ix | 15. Tag |
| 15 | Men | 16. Tag |
| 16 | Cib | 17. Tag |
| 17 | Kaban | 18. Tag |
| 18 | Edznab | 19. Tag |
| 19 | Cauac | 20. Tag |

Jeder Monat, genannt Uinal, fängt von vorne an mit dem Tag "Ahau" und endet mit dem Tag "Cauac".

## Die Monatsbezeichnungen der Maya

| 0  | Pop             | 1. Monat  |
|----|-----------------|-----------|
| 1  | Uo              | 2. Monat  |
| 2  | Zip             | 3. Monat  |
| 3  | Zotz (Sotz')    | 4. Monat  |
| 4  | Zec (Sek)       | 5. Monat  |
| 5  | Xul             | 6. Monat  |
| 6  | Yaxkin (yaxk'in)| 7. Monat  |
| 7  | Mol             | 8. Monat  |
| 8  | Chen (Ch'en)    | 9. Monat  |
| 9  | Yax             | 10. Monat |
| 10 | Zac (Sak)       | 11. Monat |
| 11 | Ceh             | 12. Monat |
| 12 | Mac (Mak)       | 13. Monat |
| 13 | Kankin          | 14. Monat |
| 14 | Muan            | 15. Monat |
| 15 | Pax             | 16. Monat |
| 16 | Kayab           | 17. Monat |
| 17 | Cumku           | 18. Monat |
| 18 | Uayeb / Wayeb   | 19. Monat |

Die ersten 18 Monate haben 20 Tage. Eine Ausnahme bildet der 19. Monat. Den 19. Monat kann man als "Ausgleichsmonat" oder Schaltmonat betrachten

Wie bereits erwähnt, mussten auch die Maya irgendwie einen Ausgleich für den Vierteltag im Sonnenjahr haben. Dies erfolgte mit dem flexiblen 19. Monat "Uayeb". Genau wie das Chinesische Jahr kommt es nicht darauf an wie viele Tage das Kalenderjahr (Haab) hat. Der Ausgleich erfolgt vollautomatisch von Jahr zu Jahr. Wichtig ist einfach zu wissen, **wann ungefähr** das Jahr anzufangen hat, so dass man die Jahreszeiten in etwa einhalten kann.

## Schlusswort

Ich möchte mich hiermit nun bei allen Historikern entschuldigen, wenn ich mich bei dem einen oder anderen Behauptung (?) unbeliebt gemacht habe. Das war nicht meine Absicht.

Meine Absicht bestand darin, einen ganz anderen, möglichen Weg aufzuzeigen.

Insbesondere die vielen hohen Stelen sind ein starkes Indiz, dass die Maya die 2 Sonnenhöchststände des Jahres, an denen die Sonne im Zenit steht, sehr ernst genommen haben.

Nun folgt ein kurzer Ausschnitt aus meiner Tabelle nach meinen eigenen Berechnungen. Auch diese Tabelle kann nicht exakt stimmen, da zwischen dem Norden und dem Süden des Mayareiches über 30 Tage Differenz zwischen den zwei absoluten Sonnenhöchstständen herrscht. Zudem muss man auch die Städtekriege miteinbeziehen, die bestimmt zu Differenzen in den Kalendern geführt haben.

Gerne erwarte ich auch Kritiken zu meinen, in diesem Buch aufgeführten Ansichten. Meine E-Mail-Adresse lautet: piero@peruzzi.li.

Nach Meinung des Autor könnte das Maya-Jahr (Tun) am 1. Sonnenhöchststand beginnen. Das Problem besteht im nördlichen Wendekreis, da auf Yukatan 2x im Jahr ein absoluter Sonnenhöchststand innerhalb weniger Wochen zu verzeichnen ist.

| | | | ALTERNATIVER Kalender der Maya, nach Pierluigi Peruzzi | | | | | |
|---|---|---|---|---|---|---|---|---|
| | | | Halbjahr nach Gregorian- ischem Jahr | Gregor. Jahr | Gregor. Jahr | Halbjahr nach Gregorian- ischem Jahr | Ereignisse | |
| Bak-tun | Ka-tun | Tun | circa | greg. Jahr | greg. Jahr | circa | | |
| | | | Sommer- beginn SB bis 31.12 | | | 1. 01. bis Frühlings- ende FE | | |
| 0 | 0 | 0 | S.B.-31.12 | -3'189 | -3'188 | 1.1.- F.E. | | |
| 0 | 0 | 1 | S.B.-31.12 | -3'188 | -3'187 | 1.1.- F.E. | | |
| 0 | 0 | 2 | S.B.-31.12 | -3'187 | -3'186 | 1.1.- F.E. | | |
| 0 | 0 | 3 | S.B.-31.12 | -3'186 | -3'185 | 1.1.- F.E. | | |
| 0 | 0 | 4 | S.B.-31.12 | -3'185 | -3'184 | 1.1.- F.E. | | |
| 0 | 0 | 5 | S.B.-31.12 | -3'184 | -3'183 | 1.1.- F.E. | | |
| 0 | 0 | 6 | S.B.-31.12 | -3'183 | -3'182 | 1.1.- F.E. | | |
| 0 | 0 | 7 | S.B.-31.12 | -3'182 | -3'181 | 1.1.- F.E. | | |
| 0 | 0 | 8 | S.B.-31.12 | -3'181 | -3'180 | 1.1.- F.E. | | |
| 0 | 0 | 9 | S.B.-31.12 | -3'180 | -3'179 | 1.1.- F.E. | | |
| | | | ............ CUT ............ . | | | | | |
| 7 | 18 | 9 | S.B.-31.12 | -20 | -19 | 1.1.- F.E. | 19.01.24. | 70.00% sun eclipse |
| 7 | 18 | 10 | S.B.-31.12 | -19 | -18 | 1.1.- F.E. | | |

| | | | | | | | | | |
|---|---|---|---|---|---|---|---|---|---|
| 7 | 18 | 11 | | S.B.-31.12 | -18 | -17 | 1.1.- F.E. | 17.05.30 | 50.00% | sun eclipse |
| 7 | 18 | 12 | | S.B.-31.12 | -17 | -16 | 1.1.- F.E. | | | |
| 7 | 18 | 13 | | S.B.-31.12 | -16 | -15 | 1.1.- F.E. | 16.11.11. | 70.00% | sun eclipse |
| 7 | 18 | 14 | | S.B.-31.12 | -15 | -14 | 1.1.- F.E. | | | |
| 7 | 18 | 15 | | S.B.-31.12 | -14 | -13 | 1.1.- F.E. | | | |
| 7 | 18 | 16 | | S.B.-31.12 | -13 | -12 | 1.1.- F.E. | | | |
| 7 | 18 | 17 | | S.B.-31.12 | -12 | -11 | 1.1.- F.E. | | | |
| 7 | 18 | 18 | | S.B.-31.12 | -11 | -10 | 1.1.- F.E. | | | |
| 7 | 18 | 19 | | S.B.-31.12 | -10 | -9 | 1.1.- F.E. | | | |
| 7 | 19 | 0 | | S.B.-31.12 | -9 | -8 | 1.1.- F.E. | | | |
| 7 | 19 | 1 | | S.B.-31.12 | -8 | -7 | 1.1.- F.E. | | | |
| 7 | 19 | 2 | | S.B.-31.12 | -7 | -6 | 1.1.- F.E. | | | |
| 7 | 19 | 3 | | S.B.-31.12 | -6 | -5 | 1.1.- F.E. | | | |
| 7 | 19 | 4 | | S.B.-31.12 | -5 | -4 | 1.1.- F.E. | | | |
| 7 | 19 | 5 | | S.B.-31.12 | -4 | -3 | 1.1.- F.E. | | | |
| 7 | 19 | 6 | | S.B.-31.12 | -3 | -2 | 1.1.- F.E. | | | |
| 7 | 19 | 7 | | S.B.-31.12 | -2 | -1 | 1.1.- F.E. | | | |
| 7 | 19 | 8 | | S.B.-31.12 | -1 | 0 | 1.1.- F.E. | | | |
| 7 | 19 | 9 | | S.B.-31.12 | 0 | 1 | 1.1.- F.E. | | | |
| 7 | 19 | 10 | | S.B.-31.12 | 1 | 2 | 1.1.- F.E. | | | |
| 7 | 19 | 11 | | S.B.-31.12 | 2 | 3 | 1.1.- F.E. | | | |
| 7 | 19 | 12 | | S.B.-31.12 | 3 | 4 | 1.1.- F.E. | | | |
| 7 | 19 | 13 | | S.B.-31.12 | 4 | 5 | 1.1.- F.E. | | | |
| 7 | 19 | 14 | | S.B.-31.12 | 5 | 6 | 1.1.- F.E. | | | |
| 7 | 19 | 15 | | S.B.-31.12 | 6 | 7 | 1.1.- F.E. | | | |
| 7 | 19 | 16 | | S.B.-31.12 | 7 | 8 | 1.1.- F.E. | | | |
| 7 | 19 | 17 | | S.B.-31.12 | 8 | 9 | 1.1.- F.E. | | | |
| 7 | 19 | 18 | | S.B.-31.12 | 9 | 10 | 1.1.- F.E. | 9.07.10. | 70.00% | sun eclipse |
| 7 | 19 | 19 | | S.B.-31.12 | 10 | 11 | 1.1.- F.E. | | | |
| 8 | 0 | 0 | | S.B.-31.12 | 11 | 12 | 1.1.- F.E. | 12.05.09 | 80% | sun eclipse |
| 8 | 0 | 1 | | S.B.-31.12 | 12 | 13 | 1.1.- F.E. | 12.11.02 | 80% | sun eclipse |
| 8 | 0 | 2 | | S.B.-31.12 | 13 | 14 | 1.1.- F.E. | | | |

| | | | | | | | | | |
|---|---|---|---|---|---|---|---|---|---|
| 8 | 0 | 3 | S.B.-31.12 | 14 | 15 | 1.1.- F.E. | | | |
| 8 | 0 | 4 | S.B.-31.12 | 15 | 16 | 1.1.- F.E. | 16.02.26. | 70.00 % | sun eclipse |
| 8 | 0 | 5 | S.B.-31.12 | 16 | 17 | 1.1.- F.E. | | | |
| 8 | 0 | 6 | S.B.-31.12 | 17 | 18 | 1.1.- F.E. | | | |
| 8 | 0 | 7 | S.B.-31.12 | 18 | 19 | 1.1.- F.E. | | | |
| 8 | 0 | 8 | S.B.-31.12 | 19 | 20 | 1.1.- F.E. | | | |
| 8 | 0 | 9 | S.B.-31.12 | 20 | 21 | 1.1.- F.E. | | | |
| 8 | 0 | 10 | S.B.-31.12 | 21 | 22 | 1.1.- F.E. | | | |
| 0 | 0 | 11 | S.B.-31.12 | 22 | 23 | 1.1.- F.E. | | | |
| 8 | 0 | 12 | S.B.-31.12 | 23 | 24 | 1.1.- F.E. | | | |
| 8 | 0 | 13 | S.B.-31.12 | 24 | 25 | 1.1.- F.E. | | | |
| 8 | 0 | 14 | S.B.-31.12 | 25 | 26 | 1.1.- F.E. | | | |
| 8 | 0 | 15 | S.B.-31.12 | 26 | 27 | 1.1.- F.E. | | | |
| 8 | 0 | 16 | S.B.-31.12 | 27 | 28 | 1.1.- F.E. | | | |
| 8 | 0 | 17 | S.B.-31.12 | 28 | 29 | 1.1.- F.E. | | | |
| 8 | 0 | 18 | S.B.-31.12 | 29 | 30 | 1.1.- F.E. | | | |
| 8 | 0 | 19 | S.B.-31.12 | 30 | 31 | 1.1.- F.E. | | | |
| 8 | 1 | 0 | S.B.-31.12 | 31 | 32 | 1.1.- F.E. | | | |
| 8 | 1 | 1 | S.B.-31.12 | 32 | 33 | 1.1.- F.E. | | | |
| 8 | 1 | 2 | S.B.-31.12 | 33 | 34 | 1.1.- F.E. | | | |
| 8 | 1 | 3 | S.B.-31.12 | 34 | 35 | 1.1.- F.E. | | | |
| 8 | 1 | 4 | S.B.-31.12 | 35 | 36 | 1.1.- F.E. | | | |
| 8 | 1 | 5 | S.B.-31.12 | 36 | 37 | 1.1.- F.E. | | | |
| 8 | 1 | 6 | S.B.-31.12 | 37 | 38 | 1.1.- F.E. | | | |
| 8 | 1 | 7 | S.B.-31.12 | 38 | 39 | 1.1.- F.E. | | | |
| 8 | 1 | 8 | S.B.-31.12 | 39 | 40 | 1.1.- F.E. | | | |
| 8 | 1 | 9 | S.B.-31.12 | 40 | 41 | 1.1.- F.E. | | | |
| 8 | 1 | 10 | S.B.-31.12 | 41 | 42 | 1.1.- F.E. | | | |
| 8 | 1 | 11 | S.B.-31.12 | 42 | 43 | 1.1.- F.E. | | | |
| 8 | 1 | 12 | S.B.-31.12 | 43 | 44 | 1.1.- F.E. | 44.02.17. | 70.00 % | sun eclipse |
| 8 | 1 | 13 | S.B.-31.12 | 44 | 45 | 1.1.- F.E. | | | |
| 8 | 1 | 14 | S.B.-31.12 | 45 | 46 | 1.1.- F.E. | | | |
| 8 | 1 | 15 | S.B.-31.12 | 46 | 47 | 1.1.- F.E. | | | |

| 8 | 1 | 16 |  | S.B.-31.12 | 47 | 48 | 1.1.- F.E. | 47.12.05. | 100% | sun eclipse |
|---|---|---|---|---|---|---|---|---|---|---|
| 8 | 1 | 17 |  | S.B.-31.12 | 48 | 49 | 1.1.- F.E. |  |  |  |
| 8 | 1 | 18 |  | S.B.-31.12 | 49 | 50 | 1.1.- F.E. |  |  |  |
| 8 | 1 | 19 |  | S.B.-31.12 | 50 | 51 | 1.1.- F.E. |  |  |  |
| 8 | 2 | 0 |  | S.B.-31.12 | 51 | 52 | 1.1.- F.E. |  |  |  |
| 8 | 2 | 1 |  | S.B.-31.12 | 52 | 53 | 1.1.- F.E. | 52.09.11. | 100% | sun eclipse |
| 8 | 2 | 2 | Abaj Takalik Stela 5 8.2.2.10.5 | S.B.-31.12 | 53 | 54 | 1.1.- F.E. |  |  |  |
| 8 | 2 | 3 |  | S.B.-31.12 | 54 | 55 | 1.1.- F.E. |  |  |  |
| 8 | 2 | 4 |  | S.B.-31.12 | 55 | 56 | 1.1.- F.E. |  |  |  |
| 8 | 2 | 5 |  | S.B.-31.12 | 56 | 57 | 1.1.- F.E. |  |  |  |
| 8 | 2 | 6 |  | S.B.-31.12 | 57 | 58 | 1.1.- F.E. |  |  |  |
| 8 | 2 | 7 |  | S.B.-31.12 | 58 | 59 | 1.1.- F.E. |  |  |  |
| 8 | 2 | 8 |  | S.B.-31.12 | 59 | 60 | 1.1.- F.E. |  |  |  |
| 8 | 2 | 9 |  | S.B.-31.12 | 60 | 61 | 1.1.- F.E. |  |  |  |
| 8 | 2 | 10 |  | S.B.-31.12 | 61 | 62 | 1.1.- F.E. |  |  |  |
| 8 | 2 | 11 |  | S.B.-31.12 | 62 | 63 | 1.1.- F.E. |  |  |  |
| 8 | 2 | 12 |  | S.B.-31.12 | 63 | 64 | 1.1.- F.E. | 63.08.12. | 100% | sun eclipse |
| 8 | 2 | 13 |  | S.B.-31.12 | 64 | 65 | 1.1.- F.E. |  |  |  |
| 8 | 2 | 14 |  | S.B.-31.12 | 65 | 66 | 1.1.- F.E. |  |  |  |
| 8 | 2 | 15 |  | S.B.-31.12 | 66 | 67 | 1.1.- F.E. |  |  |  |
| 8 | 2 | 16 |  | S.B.-31.12 | 67 | 68 | 1.1.- F.E. |  |  |  |
| 8 | 2 | 17 |  | S.B.-31.12 | 68 | 69 | 1.1.- F.E. |  |  |  |
| 8 | 2 | 18 |  | S.B.-31.12 | 69 | 70 | 1.1.- F.E. | 70.03.30. | 90% | sun eclipse |
| 8 | 2 | 19 |  | S.B.-31.12 | 70 | 71 | 1.1.- F.E. |  |  |  |
| 8 | 3 | 0 |  | S.B.-31.12 | 71 | 72 | 1.1.- F.E. |  |  |  |
| 8 | 3 | 1 |  | S.B.-31.12 | 72 | 73 | 1.1.- F.E. |  |  |  |
| 8 | 3 | 2 |  | S.B.-31.12 | 73 | 74 | 1.1.- F.E. |  |  |  |
| 8 | 3 | 3 |  | S.B.-31.12 | 74 | 75 | 1.1.- F.E. |  |  |  |
| 8 | 3 | 4 |  | S.B.-31.12 | 75 | 76 | 1.1.- F.E. |  |  |  |
| 8 | 3 | 5 |  | S.B.-31.12 | 76 | 77 | 1.1.- F.E. |  |  |  |
| 8 | 3 | 6 |  | S.B.-31.12 | 77 | 78 | 1.1.- F.E. |  |  |  |
| 8 | 3 | 7 |  | S.B.-31.12 | 78 | 79 | 1.1.- F.E. |  |  |  |

| | | | | | | | | | |
|---|---|---|---|---|---|---|---|---|---|
| 8 | 3 | 8 | | S.B.-31.12 | 79 | 80 | 1.1.- F.E. | | |
| 8 | 3 | 9 | | S.B.-31.12 | 80 | 81 | 1.1.- F.E. | | |
| 8 | 3 | 10 | | S.B.-31.12 | 81 | 82 | 1.1.- F.E. | | |
| 8 | 3 | 11 | | S.B.-31.12 | 82 | 83 | 1.1.- F.E. | | |
| 8 | 3 | 12 | | S.B.-31.12 | 83 | 84 | 1.1.- F.E. | | |
| 8 | 3 | 13 | | S.B.-31.12 | 84 | 85 | 1.1.- F.E. | | |
| 8 | 3 | 14 | | S.B.-31.12 | 85 | 86 | 1.1.- F.E. | | |
| 8 | 3 | 15 | | S.B.-31.12 | 86 | 87 | 1.1.- F.E. | | |
| 8 | 3 | 16 | | S.B.-31.12 | 87 | 88 | 1.1.- F.E. | | |
| 8 | 3 | 17 | | S.B.-31.12 | 88 | 89 | 1.1.- F.E. | 89.03.30. | 60% | sun eclipse |
| 8 | 3 | 18 | | S.B.-31.12 | 89 | 90 | 1.1.- F.E. | | |
| 8 | 3 | 19 | | S.B.-31.12 | 90 | 91 | 1.1.- F.E. | | |
| 8 | 4 | 0 | | S.B.-31.12 | 91 | 92 | 1.1.- F.E. | | |
| 8 | 4 | 1 | | S.B.-31.12 | 92 | 93 | 1.1.- F.E. | | |
| 8 | 4 | 2 | | S.B.-31.12 | 93 | 94 | 1.1.- F.E. | | |
| 8 | 4 | 3 | | S.B.-31.12 | 94 | 95 | 1.1.- F.E. | | |
| 8 | 4 | 4 | Madrid S. 79 - 8.4.4.5 | S.B.-31.12 | 95 | 96 | 1.1.- F.E. | 96.5.10 | 50% | sun eclipse |
| 8 | 4 | 5 | Abaj Takalik Stela 5 - 8.4.5.17.11 | S.B.-31.12 | 96 | 97 | 1.1.- F.E. | 96.11.4 | 60% | sun eclipse |
| 8 | 4 | 6 | | S.B.-31.12 | 97 | 98 | 1.1.- F.E. | | |
| 8 | 4 | 7 | | S.B.-31.12 | 98 | 99 | 1.1.- F.E. | 99.3.10 | 80% | sun eclipse |
| 8 | 4 | 8 | | S.B.-31.12 | 99 | 100 | 1.1.- F.E. | | |
| 8 | 4 | 9 | | S.B.-31.12 | 100 | 101 | 1.1.- F.E. | | |
| 8 | 4 | 10 | | S.B.-31.12 | 101 | 102 | 1.1.- F.E. | | |
| 8 | 4 | 11 | | S.B.-31.12 | 102 | 103 | 1.1.- F.E. | | |
| 8 | 4 | 12 | | S.B.-31.12 | 103 | 104 | 1.1.- F.E. | | |
| 8 | 4 | 13 | | S.B.-31.12 | 104 | 105 | 1.1.- F.E. | | |
| 8 | 4 | 14 | | S.B.-31.12 | 105 | 106 | 1.1.- F.E. | | |
| 8 | 4 | 15 | | S.B.-31.12 | 106 | 107 | 1.1.- F.E. | 106.10.14. | 90% | sun eclipse |
| 8 | 4 | 16 | | S.B.-31.12 | 107 | 108 | 1.1.- F.E. | | |
| 8 | 4 | 17 | | S.B.-31.12 | 108 | 109 | 1.1.- F.E. | | |
| 8 | 4 | 18 | | S.B.-31.12 | 109 | 110 | 1.1.- F.E. | | |
| 8 | 4 | 19 | | S.B.-31.12 | 110 | 111 | 1.1.- F.E. | | |

| 8 | 5 | 0 | | S.B.-31.12 | 111 | 112 | 1.1.- F.E. | | | |
|---|---|---|---|---|---|---|---|---|---|---|
| 8 | 5 | 1 | | S.B.-31.12 | 112 | 113 | 1.1.- F.E. | | | |
| 8 | 5 | 2 | | S.B.-31.12 | 113 | 114 | 1.1.- F.E. | | | |
| 8 | 5 | 3 | La Mojarra Stela 1 8.5.3.3.5 | S.B.-31.12 | 114 | 115 | 1.1.- F.E. | | | |
| 8 | 5 | 4 | | S.B.-31.12 | 115 | 116 | 1.1.- F.E. | | | |
| 8 | 5 | 5 | | S.B.-31.12 | 116 | 117 | 1.1.- F.E. | | | |
| 8 | 5 | 6 | | S.B.-31.12 | 117 | 118 | 1.1.- F.E. | | | |
| 8 | 5 | 7 | | S.B.-31.12 | 118 | 119 | 1.1.- F.E. | | | |
| 8 | 5 | 8 | | S.B.-31.12 | 119 | 120 | 1.1.- F.E. | | | |
| 8 | 5 | 9 | | S.B.-31.12 | 120 | 121 | 1.1.- F.E. | | | |
| 8 | 5 | 10 | | S.B.-31.12 | 121 | 122 | 1.1.- F.E. | | | |
| 8 | 5 | 11 | | S.B.-31.12 | 122 | 123 | 1.1.- F.E. | | | |
| 8 | 5 | 12 | | S.B.-31.12 | 123 | 124 | 1.1.- F.E. | 124.05.01 | 50.00% | sun eclipse |
| 8 | 5 | 13 | | S.B.-31.12 | 124 | 125 | 1.1.- F.E. | | | |
| 8 | 5 | 14 | | S.B.-31.12 | 125 | 126 | 1.1.- F.E. | | | |
| 8 | 5 | 15 | | S.B.-31.12 | 126 | 127 | 1.1.- F.E. | | | |
| 8 | 5 | 16 | La Mojarra Stela 1 8.5.16.9.7 | S.B.-31.12 | 127 | 128 | 1.1.- F.E. | | | |
| 8 | 5 | 17 | | S.B.-31.12 | 128 | 129 | 1.1.- F.E. | 128.08.13. & 129.02.06 | 100% & 60% | sun eclipse |
| 8 | 5 | 18 | Naranjo Stela 25 8.5.18.4.0 | S.B.-31.12 | 129 | 130 | 1.1.- F.E. | | | |
| 8 | 5 | 19 | | S.B.-31.12 | 130 | 131 | 1.1.- F.E. | | | |
| 8 | 6 | 0 | | S.B.-31.12 | 131 | 132 | 1.1.- F.E. | | | |
| 8 | 6 | 1 | Datum auf den Wänden von Xultún 8.6.1.9. | S.B.-31.12 | 132 | 133 | 1.1.- F.E. | 132.11.25 | 20% | sun ecl. über Nordamerika |
| 8 | 6 | 2 | Tuxtla Statuette 8.6.2.4.17 | S.B.-31.12 | 133 | 134 | 1.1.- F.E. | | | |
| 8 | 6 | 3 | | S.B.-31.12 | 134 | 135 | 1.1.- F.E. | | | |
| 8 | 6 | 4 | | S.B.-31.12 | 135 | 136 | 1.1.- F.E. | | | |
| 8 | 6 | 5 | | S.B.-31.12 | 136 | 137 | 1.1.- F.E. | 136.09.13 | 50% | sun eclipse |
| 8 | 6 | 6 | | S.B.-31.12 | 137 | 138 | 1.1.- F.E. | | | |

| | | | | | | | | | |
|---|---|---|---|---|---|---|---|---|---|
| 8 | 6 | 7 | | S.B.-31.12 | 138 | 139 | 1.1.- F.E. | | |
| 8 | 6 | 8 | Madrid S.25 - 8.6.8.8.... | S.B.-31.12 | 139 | 140 | 1.1.- F.E. | 139.07.13. | 100% | sun eclipse |
| 8 | 6 | 9 | | S.B.-31.12 | 140 | 141 | 1.1.- F.E. | | |
| 8 | 6 | 10 | | S.B.-31.12 | 141 | 142 | 1.1.- F.E. | | |
| 8 | 6 | 11 | | S.B.-31.12 | 142 | 143 | 1.1.- F.E. | | |
| 8 | 6 | 12 | | S.B.-31.12 | 143 | 144 | 1.1.- F.E. | | |
| 8 | 6 | 13 | | S.B.-31.12 | 144 | 145 | 1.1.- F.E. | | |
| 8 | 6 | 14 | | S.B.-31.12 | 145 | 146 | 1.1.- F.E. | | |
| 8 | 6 | 15 | | S.B.-31.12 | 146 | 147 | 1.1.- F.E. | 147.2.18 | 1.80% | sun ecl. über Nordamerika |
| 8 | 6 | 16 | Dresdner S. 49 -8.6.16.2 | S.B.-31.12 | 147 | 148 | 1.1.- F.E. | | |
| 8 | 6 | 17 | | S.B.-31.12 | 148 | 149 | 1.1.- F.E. | | |
| 8 | 6 | 18 | | S.B.-31.12 | 149 | 150 | 1.1.- F.E. | 150.06.12. | 80% | sun eclipse |
| 8 | 6 | 19 | Dresdner S. 49 - 8.6.19.10. | S.B.-31.12 | 150 | 151 | 1.1.- F.E. | | |
| 8 | 7 | 0 | | S.B.-31.12 | 151 | 152 | 1.1.- F.E. | | |
| 8 | 7 | 1 | | S.B.-31.12 | 152 | 153 | 1.1.- F.E. | 153.06.12. | 80% | sun eclipse |
| 8 | 7 | 2 | | S.B.-31.12 | 153 | 154 | 1.1.- F.E. | | |
| 8 | 7 | 3 | Chiapa de Corzo Stela 2 8.7.3.2.13 | S.B.-31.12 | 154 | 155 | 1.1.- F.E. | | |
| 8 | 7 | 4 | | S.B.-31.12 | 155 | 156 | 1.1.- F.E. | | |
| 8 | 7 | 5 | | S.B.-31.12 | 156 | 157 | 1.1.- F.E. | | |
| 8 | 7 | 6 | | S.B.-31.12 | 157 | 158 | 1.1.- F.E. | | |
| 8 | 7 | 7 | | S.B.-31.12 | 158 | 159 | 1.1.- F.E. | | |
| 8 | 7 | 8 | | S.B.-31.12 | 159 | 160 | 1.1.- F.E. | | |
| 8 | 7 | 9 | | S.B.-31.12 | 160 | 161 | 1.1.- F.E. | | |
| 8 | 7 | 10 | Dresdner S. 23 - 8.7.10.11 | S.B.-31.12 | 161 | 162 | 1.1.- F.E. | | |
| 8 | 7 | 11 | | S.B.-31.12 | 162 | 163 | 1.1.- F.E. | | |
| 8 | 7 | 12 | | S.B.-31.12 | 163 | 164 | 1.1.- F.E. | | |
| 8 | 7 | 13 | | S.B.-31.12 | 164 | 165 | 1.1.- F.E. | | |
| 8 | 7 | 14 | | S.B.-31.12 | 165 | 166 | 1.1.- F.E. | | |

| | | | | | | | | | |
|---|---|---|---|---|---|---|---|---|---|
| 8 | 7 | 15 | | S.B.-31.12 | 166 | 167 | 1.1.- F.E. | | | |
| 8 | 7 | 16 | | S.B.-31.12 | 167 | 168 | 1.1.- F.E. | | | |
| 8 | 7 | 17 | | S.B.-31.12 | 168 | 169 | 1.1.- F.E. | | | |
| 8 | 7 | 18 | | S.B.-31.12 | 169 | 170 | 1.1.- F.E. | | | |
| 8 | 7 | 19 | | S.B.-31.12 | 170 | 171 | 1.1.- F.E. | | | |
| 8 | 8 | 0 | | S.B.-31.12 | 171 | 172 | 1.1.- F.E. | | | |
| 8 | 8 | 1 | | S.B.-31.12 | 172 | 173 | 1.1.- F.E. | | | |
| 8 | 8 | 2 | | S.B.-31.12 | 173 | 174 | 1.1.- F.E. | | | |
| 8 | 8 | 3 | | S.B.-31.12 | 174 | 175 | 1.1.- F.E. | | | |
| 8 | 8 | 4 | | S.B.-31.12 | 175 | 176 | 1.1.- F.E. | | | |
| 8 | 8 | 5 | | S.B.-31.12 | 176 | 177 | 1.1.- F.E. | | | |
| 8 | 8 | 6 | | S.B.-31.12 | 177 | 178 | 1.1.- F.E. | | | |
| 8 | 8 | 7 | | S.B.-31.12 | 178 | 179 | 1.1.- F.E. | | | |
| 8 | 8 | 8 | | S.B.-31.12 | 179 | 180 | 1.1.- F.E. | | | |
| 8 | 8 | 9 | | S.B.-31.12 | 180 | 181 | 1.1.- F.E. | | | |
| 8 | 8 | 10 | Dresdner S. 49 - 8.8.10.13 | S.B.-31.12 | 181 | 182 | 1.1.- F.E. | | | |
| 8 | 8 | 11 | | S.B.-31.12 | 182 | 183 | 1.1.- F.E. | 182.09.15. & 183.03.11 | 50% & 70% | 2 x sun eclipse |
| 8 | 8 | 12 | | S.B.-31.12 | 183 | 184 | 1.1.- F.E. | | | |
| 8 | 8 | 13 | Madrid S. 74 - 8.8.13.4.9. - 9 | S.B.-31.12 | 184 | 185 | 1.1.- F.E. | | | |
| 8 | 8 | 14 | | S.B.-31.12 | 185 | 186 | 1.1.- F.E. | | | |
| 8 | 8 | 15 | | S.B.-31.12 | 186 | 187 | 1.1.- F.E. | | | |
| 8 | 8 | 16 | | S.B.-31.12 | 187 | 188 | 1.1.- F.E. | | | |
| 8 | 8 | 17 | | S.B.-31.12 | 188 | 189 | 1.1.- F.E. | | | |
| 8 | 8 | 18 | | S.B.-31.12 | 189 | 190 | 1.1.- F.E. | | | |
| 8 | 8 | 19 | | S.B.-31.12 | 190 | 191 | 1.1.- F.E. | 190.10.16. | 100% | sun eclipse |
| 8 | 9 | 0 | | S.B.-31.12 | 191 | 192 | 1.1.- F.E. | 192.03.01. | 50.00% | sun eclipse |
| 8 | 9 | 1 | | S.B.-31.12 | 192 | 193 | 1.1.- F.E. | | | |
| 8 | 9 | 2 | | S.B.-31.12 | 193 | 194 | 1.1.- F.E. | | | |
| 8 | 9 | 3 | | S.B.-31.12 | 194 | 195 | 1.1.- F.E. | | | |
| 8 | 9 | 4 | | S.B.-31.12 | 195 | 196 | 1.1.- F.E. | | | |
| 8 | 9 | 5 | | S.B.-31.12 | 196 | 197 | 1.1.- F.E. | | | |
| 8 | 9 | 6 | | S.B.-31.12 | 197 | 198 | 1.1.- F.E. | | | |

| | | | | | | | | | |
|---|---|---|---|---|---|---|---|---|---|
| 8 | 9 | 7 | Madrid S.40 - 8.9.7.3.10.13 | S.B.-31.12 | 198 | 199 | 1.1.- F.E. | | |
| 8 | 9 | 8 | | S.B.-31.12 | 199 | 200 | 1.1.- F.E. | | |
| 8 | 9 | 9 | | S.B.-31.12 | 200 | 201 | 1.1.- F.E. | | |
| 8 | 9 | 10 | | S.B.-31.12 | 201 | 202 | 1.1.- F.E. | | |
| 8 | 9 | 11 | | S.B.-31.12 | 202 | 203 | 1.1.- F.E. | | |
| 8 | 9 | 12 | | S.B.-31.12 | 203 | 204 | 1.1.- F.E. | | |
| 8 | 9 | 13 | | S.B.-31.12 | 204 | 205 | 1.1.- F.E. | | |
| 8 | 9 | 14 | | S.B.-31.12 | 205 | 206 | 1.1.- F.E. | | |
| 8 | 9 | 15 | | S.B.-31.12 | 206 | 207 | 1.1.- F.E. | | |
| 8 | 9 | 16 | | S.B.-31.12 | 207 | 208 | 1.1.- F.E. | | |
| 8 | 9 | 17 | | S.B.-31.12 | 208 | 209 | 1.1.- F.E. | | |
| 8 | 9 | 18 | | S.B.-31.12 | 209 | 210 | 1.1.- F.E. | | |
| 8 | 9 | 19 | | S.B.-31.12 | 210 | 211 | 1.1.- F.E. | | |
| 8 | 10 | 0 | | S.B.-31.12 | 211 | 212 | 1.1.- F.E. | | |
| 8 | 10 | 1 | | S.B.-31.12 | 212 | 213 | 1.1.- F.E. | | |
| 8 | 10 | 2 | | S.B.-31.12 | 213 | 214 | 1.1.- F.E. | | |
| 8 | 10 | 3 | | S.B.-31.12 | 214 | 215 | 1.1.- F.E. | | |
| 8 | 10 | 4 | | S.B.-31.12 | 215 | 216 | 1.1.- F.E. | | |
| 8 | 10 | 5 | | S.B.-31.12 | 216 | 217 | 1.1.- F.E. | | |
| 8 | 10 | 6 | | S.B.-31.12 | 217 | 218 | 1.1.- F.E. | | |
| 8 | 10 | 7 | | S.B.-31.12 | 218 | 219 | 1.1.- F.E. | | |
| 8 | 10 | 8 | | S.B.-31.12 | 219 | 220 | 1.1.- F.E. | | |
| 8 | 10 | 9 | | S.B.-31.12 | 220 | 221 | 1.1.- F.E. | | |
| 8 | 10 | 10 | doorjamb of Structure 10L-7 8.10.10.10.16 | S.B.-31.12 | 221 | 222 | 1.1.- F.E. | | |
| 8 | 10 | 11 | | S.B.-31.12 | 222 | 223 | 1.1.- F.E. | | |
| 8 | 10 | 12 | | S.B.-31.12 | 223 | 224 | 1.1.- F.E. | | |
| 8 | 10 | 13 | | S.B.-31.12 | 224 | 225 | 1.1.- F.E. | | |
| 8 | 10 | 14 | | S.B.-31.12 | 225 | 226 | 1.1.- F.E. | | |
| 8 | 10 | 15 | | S.B.-31.12 | 226 | 227 | 1.1.- F.E. | 226.11.07. | 70.00 % | sun eclipse |
| 8 | 10 | 16 | | S.B.-31.12 | 227 | 228 | 1.1.- F.E. | | |
| 8 | 10 | 17 | | S.B.-31.12 | 228 | 229 | 1.1.- F.E. | | |
| 8 | 10 | 18 | | S.B.-31.12 | 229 | 230 | 1.1.- F.E. | | |

| | | | | | | | | | |
|---|---|---|---|---|---|---|---|---|---|
| 8 | 10 | 19 | | S.B.-31.12 | 230 | 231 | 1.1.- F.E. | | |
| 8 | 11 | 0 | | S.B.-31.12 | 231 | 232 | 1.1.- F.E. | | |
| 8 | 11 | 1 | | S.B.-31.12 | 232 | 233 | 1.1.- F.E. | | |
| 8 | 11 | 2 | | S.B.-31.12 | 233 | 234 | 1.1.- F.E. | | |
| 8 | 11 | 3 | | S.B.-31.12 | 234 | 235 | 1.1.- F.E. | | |
| 8 | 11 | 4 | | S.B.-31.12 | 235 | 236 | 1.1.- F.E. | | |
| 8 | 11 | 5 | | S.B.-31.12 | 236 | 237 | 1.1.- F.E. | | |
| 8 | 11 | 6 | | S.B.-31.12 | 237 | 238 | 1.1.- F.E. | | |
| 8 | 11 | 7 | 8.11.7.13.5. ?? | S.B.-31.12 | 238 | 239 | 1.1.- F.E. | | |
| 8 | 11 | 8 | | S.B.-31.12 | 239 | 240 | 1.1.- F.E. | | |
| 8 | 11 | 9 | | S.B.-31.12 | 240 | 241 | 1.1.- F.E. | | |
| 8 | 11 | 10 | | S.B.-31.12 | 241 | 242 | 1.1.- F.E. | | |
| 8 | 11 | 11 | | S.B.-31.12 | 242 | 243 | 1.1.- F.E. | | |
| 8 | 11 | 12 | | S.B.-31.12 | 243 | 244 | 1.1.- F.E. | | |
| 8 | 11 | 13 | | S.B.-31.12 | 244 | 245 | 1.1.- F.E. | | |
| 8 | 11 | 14 | | S.B.-31.12 | 245 | 246 | 1.1.- F.E. | | |
| 8 | 11 | 15 | | S.B.-31.12 | 246 | 247 | 1.1.- F.E. | | |
| 8 | 11 | 16 | | S.B.-31.12 | 247 | 248 | 1.1.- F.E. | | |
| 8 | 11 | 17 | | S.B.-31.12 | 248 | 249 | 1.1.- F.E. | | |
| 8 | 11 | 18 | | S.B.-31.12 | 249 | 250 | 1.1.- F.E. | | |
| 8 | 11 | 19 | | S.B.-31.12 | 250 | 251 | 1.1.- F.E. | | |
| 8 | 12 | 0 | | S.B.-31.12 | 251 | 252 | 1.1.- F.E. | | |
| 8 | 12 | 1 | | S.B.-31.12 | 252 | 253 | 1.1.- F.E. | | |
| 8 | 12 | 2 | | S.B.-31.12 | 253 | 254 | 1.1.- F.E. | | |
| 8 | 12 | 3 | | S.B.-31.12 | 254 | 255 | 1.1.- F.E. | | |
| 8 | 12 | 4 | | S.B.-31.12 | 255 | 256 | 1.1.- F.E. | | |
| 8 | 12 | 5 | | S.B.-31.12 | 256 | 257 | 1.1.- F.E. | | |
| 8 | 12 | 6 | | S.B.-31.12 | 257 | 258 | 1.1.- F.E. | | |
| 8 | 12 | 7 | | S.B.-31.12 | 258 | 259 | 1.1.- F.E. | | |
| 8 | 12 | 8 | | S.B.-31.12 | 259 | 260 | 1.1.- F.E. | | |
| 8 | 12 | 9 | | S.B.-31.12 | 260 | 261 | 1.1.- F.E. | | |
| 8 | 12 | 10 | | S.B.-31.12 | 261 | 262 | 1.1.- F.E. | | |
| 8 | 12 | 11 | | S.B.-31.12 | 262 | 263 | 1.1.- F.E. | | |
| 8 | 12 | 12 | | S.B.-31.12 | 263 | 264 | 1.1.- F.E. | | |

| | | | | | | | | | |
|---|---|---|---|---|---|---|---|---|---|
| 8 | 12 | 13 | | S.B.-31.12 | 264 | 265 | 1.1.- F.E. | 265.04.03. | 70.00% | sun eclipse |
| 8 | 12 | 14 | Estela 29 de Tikal 8.12.14.13.15 9 Men 3 Mol | S.B.-31.12 | 265 | 266 | 1.1.- F.E. | | | |
| 8 | 12 | 15 | | S.B.-31.12 | 266 | 267 | 1.1.- F.E. | | | |
| 8 | 12 | 16 | | S.B.-31.12 | 267 | 268 | 1.1.- F.E. | | | |
| 8 | 12 | 17 | | S.B.-31.12 | 268 | 269 | 1.1.- F.E. | | | |
| 8 | 12 | 18 | | S.B.-31.12 | 269 | 270 | 1.1.- F.E. | | | |
| 8 | 12 | 19 | | S.B.-31.12 | 270 | 271 | 1.1.- F.E. | | | |
| 8 | 13 | 0 | | S.B.-31.12 | 271 | 272 | 1.1.- F.E. | | | |
| 8 | 13 | 1 | | S.B.-31.12 | 272 | 273 | 1.1.- F.E. | | | |
| 8 | 13 | 2 | | S.B.-31.12 | 273 | 274 | 1.1.- F.E. | | | |
| 8 | 13 | 3 | | S.B.-31.12 | 274 | 275 | 1.1.- F.E. | | | |
| 8 | 13 | 4 | | S.B.-31.12 | 275 | 276 | 1.1.- F.E. | | | |
| 8 | 13 | 5 | | S.B.-31.12 | 276 | 277 | 1.1.- F.E. | | | |
| 8 | 13 | 6 | | S.B.-31.12 | 277 | 278 | 1.1.- F.E. | | | |
| 8 | 13 | 7 | | S.B.-31.12 | 278 | 279 | 1.1.- F.E. | | | |
| 8 | 13 | 8 | | S.B.-31.12 | 279 | 280 | 1.1.- F.E. | 280.06.14. | 80% | sun eclipse |
| 8 | 13 | 9 | | S.B.-31.12 | 280 | 281 | 1.1.- F.E. | | | |
| 8 | 13 | 10 | | S.B.-31.12 | 281 | 282 | 1.1.- F.E. | | | |
| 8 | 13 | 11 | | S.B.-31.12 | 282 | 283 | 1.1.- F.E. | | | |
| 8 | 13 | 12 | | S.B.-31.12 | 283 | 284 | 1.1.- F.E. | | | |
| 8 | 13 | 13 | | S.B.-31.12 | 284 | 285 | 1.1.- F.E. | | | |
| 8 | 13 | 14 | | S.B.-31.12 | 285 | 286 | 1.1.- F.E. | | | |
| 8 | 13 | 15 | | S.B.-31.12 | 286 | 287 | 1.1.- F.E. | | | |
| 8 | 13 | 16 | | S.B.-31.12 | 287 | 288 | 1.1.- F.E. | | | |
| 8 | 13 | 17 | | S.B.-31.12 | 288 | 289 | 1.1.- F.E. | | | |
| 8 | 13 | 18 | | S.B.-31.12 | 289 | 290 | 1.1.- F.E. | | | |
| 8 | 13 | 19 | | S.B.-31.12 | 290 | 291 | 1.1.- F.E. | 290.11.19. | 70.00% | sun eclipse |
| 8 | 14 | 0 | Tikal Estela 31 - 8.14.0.0.0. | S.B.-31.12 | 291 | 292 | 1.1.- F.E. | | | |
| 8 | 14 | 1 | | S.B.-31.12 | 292 | 293 | 1.1.- F.E. | | | |
| 8 | 14 | 2 | | S.B.-31.12 | 293 | 294 | 1.1.- F.E. | | | |
| 8 | 14 | 3 | | S.B.-31.12 | 294 | 295 | 1.1.- F.E. | | | |

| | | | | | | | | | |
|---|---|---|---|---|---|---|---|---|---|
| 8 | 14 | 4 | | S.B.-31.12 | 295 | 296 | 1.1.- F.E. | | | |
| 8 | 14 | 5 | | S.B.-31.12 | 296 | 297 | 1.1.- F.E. | | | |
| 8 | 14 | 6 | | S.B.-31.12 | 297 | 298 | 1.1.- F.E. | | | |
| 8 | 14 | 7 | | S.B.-31.12 | 298 | 299 | 1.1.- F.E. | | | |
| 8 | 14 | 8 | | S.B.-31.12 | 299 | 300 | 1.1.- F.E. | | | |
| 8 | 14 | 9 | | S.B.-31.12 | 300 | 301 | 1.1.- F.E. | | | |
| 8 | 14 | 10 | Waxaktun 9 8.14.10. 3.15 - 3 Men 8 Yaxk'in | S.B.-31.12 | 301 | 302 | 1.1.- F.E. | | | |
| 8 | 14 | 11 | | S.B.-31.12 | 302 | 303 | 1.1.- F.E. | | | |
| 8 | 14 | 12 | | S.B.-31.12 | 303 | 304 | 1.1.- F.E. | | | |
| 8 | 14 | 13 | | S.B.-31.12 | 304 | 305 | 1.1.- F.E. | | | |
| 8 | 14 | 14 | | S.B.-31.12 | 305 | 306 | 1.1.- F.E. | | | |
| 8 | 14 | 15 | | S.B.-31.12 | 306 | 307 | 1.1.- F.E. | | | |
| 8 | 14 | 16 | | S.B.-31.12 | 307 | 308 | 1.1.- F.E. | | | |
| 8 | 14 | 17 | | S.B.-31.12 | 308 | 309 | 1.1.- F.E. | 309.2.25. | 80% | sun eclipse |
| 8 | 14 | 18 | | S.B.-31.12 | 309 | 310 | 1.1.- F.E. | | | |
| 8 | 14 | 19 | | S.B.-31.12 | 310 | 311 | 1.1.- F.E. | | | |
| 8 | 15 | 0 | | S.B.-31.12 | 311 | 312 | 1.1.- F.E. | | | |
| 8 | 15 | 1 | | S.B.-31.12 | 312 | 313 | 1.1.- F.E. | | | |
| 8 | 15 | 2 | | S.B.-31.12 | 313 | 314 | 1.1.- F.E. | | | |
| 8 | 15 | 3 | | S.B.-31.12 | 314 | 315 | 1.1.- F.E. | | | |
| 8 | 15 | 4 | | S.B.-31.12 | 315 | 316 | 1.1.- F.E. | | | |
| 8 | 15 | 5 | | S.B.-31.12 | 316 | 317 | 1.1.- F.E. | | | |
| 8 | 15 | 6 | | S.B.-31.12 | 317 | 318 | 1.1.- F.E. | | | |
| 8 | 15 | 7 | | S.B.-31.12 | 318 | 319 | 1.1.- F.E. | | | |
| 8 | 15 | 8 | | S.B.-31.12 | 319 | 320 | 1.1.- F.E. | | | |
| 8 | 15 | 9 | | S.B.-31.12 | 320 | 321 | 1.1.- F.E. | | | |
| 8 | 15 | 10 | | S.B.-31.12 | 321 | 322 | 1.1.- F.E. | | | |
| 8 | 15 | 11 | | S.B.-31.12 | 322 | 323 | 1.1.- F.E. | | | |
| 8 | 15 | 12 | | S.B.-31.12 | 323 | 324 | 1.1.- F.E. | | | |
| 8 | 15 | 13 | | S.B.-31.12 | 324 | 325 | 1.1.- F.E. | | | |
| 8 | 15 | 14 | | S.B.-31.12 | 325 | 326 | 1.1.- F.E. | | | |
| 8 | 15 | 15 | | S.B.-31.12 | 326 | 327 | 1.1.- F.E. | | | |
| 8 | 15 | 16 | | S.B.-31.12 | 327 | 328 | 1.1.- F.E. | | | |

| | | | | | | | | | |
|---|---|---|---|---|---|---|---|---|---|
| 8 | 15 | 17 | | S.B.-31.12 | 328 | 329 | 1.1.- F.E. | | |
| 8 | 15 | 18 | | S.B.-31.12 | 329 | 330 | 1.1.- F.E. | | |
| 8 | 15 | 19 | | S.B.-31.12 | 330 | 331 | 1.1.- F.E. | | |
| 8 | 16 | 0 | Waxaktun 18 8.16. 0. 0. 0 - 3 Ahaw 8 K'ank'in | S.B.-31.12 | 331 | 332 | 1.1.- F.E. | | |
| 8 | 16 | 1 | | S.B.-31.12 | 332 | 333 | 1.1.- F.E. | | |
| 8 | 16 | 2 | | S.B.-31.12 | 333 | 334 | 1.1.- F.E. | | |
| 8 | 16 | 3 | Dresdner S.60 - 8.16.3.13.0 | S.B.-31.12 | 334 | 335 | 1.1.- F.E. | | |
| 8 | 16 | 4 | | S.B.-31.12 | 335 | 336 | 1.1.- F.E. | | |
| 8 | 16 | 5 | | S.B.-31.12 | 336 | 337 | 1.1.- F.E. | | |
| 8 | 16 | 6 | | S.B.-31.12 | 337 | 338 | 1.1.- F.E. | | |
| 8 | 16 | 7 | | S.B.-31.12 | 338 | 339 | 1.1.- F.E. | 338.10.29. | 80% | sun eclipse |
| 8 | 16 | 8 | | S.B.-31.12 | 339 | 340 | 1.1.- F.E. | | |
| 8 | 16 | 9 | | S.B.-31.12 | 340 | 341 | 1.1.- F.E. | | |
| 8 | 16 | 10 | | S.B.-31.12 | 341 | 342 | 1.1.- F.E. | | |
| 8 | 16 | 11 | | S.B.-31.12 | 342 | 343 | 1.1.- F.E. | 342.08.17. | 90% | sun eclipse |
| 8 | 16 | 12 | | S.B.-31.12 | 343 | 344 | 1.1.- F.E. | | |
| 8 | 16 | 13 | | S.B.-31.12 | 344 | 345 | 1.1.- F.E. | 344.12.21. | 70.00% | sun eclipse |
| 8 | 16 | 14 | Dresdner S.60 - 8.16.14.15.3 | S.B.-31.12 | 345 | 346 | 1.1.- F.E. | | |
| 8 | 16 | 15 | | S.B.-31.12 | 346 | 347 | 1.1.- F.E. | | |
| 8 | 16 | 16 | | S.B.-31.12 | 347 | 348 | 1.1.- F.E. | | |
| 8 | 16 | 17 | | S.B.-31.12 | 348 | 349 | 1.1.- F.E. | | |
| 8 | 16 | 18 | | S.B.-31.12 | 349 | 350 | 1.1.- F.E. | | |
| 8 | 16 | 19 | | S.B.-31.12 | 350 | 351 | 1.1.- F.E. | | |
| 8 | 17 | 0 | | S.B.-31.12 | 351 | 352 | 1.1.- F.E. | | |
| 8 | 17 | 1 | Tikal BC 8.17. 1. 4.12 - 11 Eb 15 Mak | S.B.-31.12 | 352 | 353 | 1.1.- F.E. | | |
| 8 | 17 | 2 | | S.B.-31.12 | 353 | 354 | 1.1.- F.E. | | |
| 8 | 17 | 3 | Dresdner S.74 - 8.17.11.3 | S.B.-31.12 | 354 | 355 | 1.1.- F.E. | | |
| 8 | 17 | 4 | | S.B.-31.12 | 355 | 356 | 1.1.- F.E. | 356.05.16. | 60% | sun eclipse |
| 8 | 17 | 5 | | S.B.-31.12 | 356 | 357 | 1.1.- F.E. | | |

| | | | | | | | | | |
|---|---|---|---|---|---|---|---|---|---|
| 8 | 17 | 6 | | S.B.-31.12 | 357 | 358 | 1.1.- F.E. | | | |
| 8 | 17 | 7 | | S.B.-31.12 | 358 | 359 | 1.1.- F.E. | | | |
| 8 | 17 | 8 | | S.B.-31.12 | 359 | 360 | 1.1.- F.E. | | | |
| 8 | 17 | 9 | | S.B.-31.12 | 360 | 361 | 1.1.- F.E. | | | |
| 8 | 17 | 10 | | S.B.-31.12 | 361 | 362 | 1.1.- F.E. | | | |
| 8 | 17 | 11 | | S.B.-31.12 | 362 | 363 | 1.1.- F.E. | | | |
| 8 | 17 | 12 | | S.B.-31.12 | 363 | 364 | 1.1.- F.E. | 363.06.27. | 70.00% | sun eclipse |
| 8 | 17 | 13 | | S.B.-31.12 | 364 | 365 | 1.1.- F.E. | | | |
| 8 | 17 | 14 | | S.B.-31.12 | 365 | 366 | 1.1.- F.E. | | | |
| 8 | 17 | 15 | | S.B.-31.12 | 366 | 367 | 1.1.- F.E. | 367.04.15. | 80% | sun eclipse |
| 8 | 17 | 16 | | S.B.-31.12 | 367 | 368 | 1.1.- F.E. | | | |
| 8 | 17 | 17 | Bejucal BEJ 2 8.17.17. 0. 0 - 11 Ahaw 3 Sek | S.B.-31.12 | 368 | 369 | 1.1.- F.E. | | | |
| 8 | 17 | 18 | | S.B.-31.12 | 369 | 370 | 1.1.- F.E. | | | |
| 8 | 17 | 19 | | S.B.-31.12 | 370 | 371 | 1.1.- F.E. | | | |
| 8 | 18 | 0 | | S.B.-31.12 | 371 | 372 | 1.1.- F.E. | | | |
| 8 | 18 | 1 | | S.B.-31.12 | 372 | 373 | 1.1.- F.E. | | | |
| 8 | 18 | 2 | | S.B.-31.12 | 373 | 374 | 1.1.- F.E. | | | |
| 8 | 18 | 3 | | S.B.-31.12 | 374 | 375 | 1.1.- F.E. | | | |
| 8 | 18 | 4 | | S.B.-31.12 | 375 | 376 | 1.1.- F.E. | | | |
| 8 | 18 | 5 | | S.B.-31.12 | 376 | 377 | 1.1.- F.E. | | | |
| 8 | 18 | 6 | | S.B.-31.12 | 377 | 378 | 1.1.- F.E. | | | |
| 8 | 18 | 7 | | S.B.-31.12 | 378 | 379 | 1.1.- F.E. | | | |
| 8 | 18 | 8 | | S.B.-31.12 | 379 | 380 | 1.1.- F.E. | | | |
| 8 | 18 | 9 | Blackman… BLK 5  8.18. 9.17.18 - 9 Etz'n… 16 Pop | S.B.-31.12 | 380 | 381 | 1.1.- F.E. | | | |
| 8 | 18 | 10 | | S.B.-31.12 | 381 | 382 | 1.1.- F.E. | | | |
| 8 | 18 | 11 | | S.B.-31.12 | 382 | 383 | 1.1.- F.E. | | | |
| 8 | 18 | 12 | | S.B.-31.12 | 383 | 384 | 1.1.- F.E. | | | |
| 8 | 18 | 13 | | S.B.-31.12 | 384 | 385 | 1.1.- F.E. | | | |
| 8 | 18 | 14 | | S.D.-31.12 | 385 | 386 | 1.1.- F.E. | | | |
| 8 | 18 | 15 | | S.B.-31.12 | 386 | 387 | 1.1.- F.E. | | | |
| 8 | 18 | 16 | | S.B.-31.12 | 387 | 388 | 1.1.- F.E. | | | |

| | | | | | | | | | |
|---|---|---|---|---|---|---|---|---|---|
| 8 | 18 | 17 | | S.B.-31.12 | 388 | 389 | 1.1.- F.E. | | |
| 8 | 18 | 18 | | S.B.-31.12 | 389 | 390 | 1.1.- F.E. | | |
| 8 | 18 | 19 | | S.B.-31.12 | 390 | 391 | 1.1.- F.E. | | |
| 8 | 19 | 0 | | S.B.-31.12 | 391 | 392 | 1.1.- F.E. | | |
| 8 | 19 | 1 | Rio Azul RAZ Ptg 8.19. 1. 9.13 - 4 Ben 16 Mol | S.B.-31.12 | 392 | 393 | 1.1.- F.E. | | |
| 8 | 19 | 2 | | S.B.-31.12 | 393 | 394 | 1.1.- F.E. | | |
| 8 | 19 | 3 | | S.B.-31.12 | 394 | 395 | 1.1.- F.E. | | |
| 8 | 19 | 4 | | S.B.-31.12 | 395 | 396 | 1.1.- F.E. | 396.03.25. | 50%. 8% | sun eclipse |
| 8 | 19 | 5 | | S.B.-31.12 | 396 | 397 | 1.1.- F.E. | 396.09.18. | 100% | sun eclipse |
| 8 | 19 | 6 | | S.B.-31.12 | 397 | 398 | 1.1.- F.E. | | |
| 8 | 19 | 7 | | S.B.-31.12 | 398 | 399 | 1.1.- F.E. | 399.01.23. | 60% | sun eclipse |
| 8 | 19 | 8 | | S.B.-31.12 | 399 | 400 | 1.1.- F.E. | | |
| 8 | 19 | 9 | | S.B.-31.12 | 400 | 401 | 1.1.- F.E. | | |
| 8 | 19 | 10 | Madrid S.21 - 8.19.10.7.4 | S.B.-31.12 | 401 | 402 | 1.1.- F.E. | | |
| 8 | 19 | 11 | | S.B.-31.12 | 402 | 403 | 1.1.- F.E. | | |
| 8 | 19 | 12 | | S.B.-31.12 | 403 | 404 | 1.1.- F.E. | | |
| 8 | 19 | 13 | | S.B.-31.12 | 404 | 405 | 1.1.- F.E. | | |
| 8 | 19 | 14 | | S.B.-31.12 | 405 | 406 | 1.1.- F.E. | | |
| 8 | 19 | 15 | | S.B.-31.12 | 406 | 407 | 1.1.- F.E. | | |
| 8 | 19 | 16 | | S.B.-31.12 | 407 | 408 | 1.1.- F.E. | | |
| 8 | 19 | 17 | | S.B.-31.12 | 408 | 409 | 1.1.- F.E. | | |
| 8 | 19 | 18 | | S.B.-31.12 | 409 | 410 | 1.1.- F.E. | | |
| 8 | 19 | 19 | | S.B.-31.12 | 410 | 411 | 1.1.- F.E. | | |
| 9 | 0 | 0 | Copan 63 9. 0. 0. 0. 0 - 8 Ahaw 13 Keh / Arroyo d… ARP 1 9. 9. 0. 0. 0 - 3 Ahaw 3 Sotz' | S.B.-31.12 | 411 | 412 | 1.1.- F.E. | | |
| 9 | 0 | 1 | | S.B.-31.12 | 412 | 413 | 1.1.- F.E. | | |
| 9 | 0 | 2 | | S.B.-31.12 | 413 | 414 | 1.1.- F.E. | | |
| 9 | 0 | 3 | | S.B.-31.12 | 414 | 415 | 1.1.- F.E. | | |

| | | | | | | | | | |
|---|---|---|---|---|---|---|---|---|---|
| 9 | 0 | 4 | | S.B.-31.12 | 415 | 416 | 1.1.- F.E. | | | |
| 9 | 0 | 5 | | S.B.-31.12 | 416 | 417 | 1.1.- F.E. | | | |
| 9 | 0 | 6 | | S.B.-31.12 | 417 | 418 | 1.1.- F.E. | | | |
| 9 | 0 | 7 | | S.B.-31.12 | 418 | 419 | 1.1.- F.E. | | | |
| 9 | 0 | 8 | | S.B.-31.12 | 419 | 420 | 1.1.- F.E. | | | |
| 9 | 0 | 9 | | S.B.-31.12 | 420 | 421 | 1.1.- F.E. | 420.11.21. | 100% | sun eclipse |
| 9 | 0 | 10 | Copan 20 9.0.10. 0. 0 7 Ahaw 3 Yax / Tikal 31 9.0.10. 0. 0 7 Ahaw 3 Yax | S.B.-31.12 | 421 | 422 | 1.1.- F.E. | | | |
| 9 | 0 | 11 | | S.B.-31.12 | 422 | 423 | 1.1.- F.E. | | | |
| 9 | 0 | 12 | | S.B.-31.12 | 423 | 424 | 1.1.- F.E. | | | |
| 9 | 0 | 13 | | S.B.-31.12 | 424 | 425 | 1.1.- F.E. | | | |
| 9 | 0 | 14 | | S.B.-31.12 | 425 | 426 | 1.1.- F.E. | | | |
| 9 | 0 | 15 | | S.B.-31.12 | 426 | 427 | 1.1.- F.E. | | | |
| 9 | 0 | 16 | | S.B.-31.12 | 427 | 428 | 1.1.- F.E. | | | |
| 9 | 0 | 17 | | S.B.-31.12 | 428 | 429 | 1.1.- F.E. | 428.06.28. | 70.00% | sun eclipse |
| 9 | 0 | 18 | | S.B.-31.12 | 429 | 430 | 1.1.- F.E. | | | |
| 9 | 0 | 19 | Yaxchilán Templos Lintel 21-22 9.0.19.2.4. - 2 K'an 2 Yax | S.B.-31.12 | 430 | 431 | 1.1.- F.E. | | | |
| 9 | 1 | 0 | | S.B.-31.12 | 431 | 432 | 1.1.- F.E. | | | |
| 9 | 1 | 1 | | S.B.-31.12 | 432 | 433 | 1.1.- F.E. | | | |
| 9 | 1 | 2 | | S.B.-31.12 | 433 | 434 | 1.1.- F.E. | | | |
| 9 | 1 | 3 | | S.B.-31.12 | 434 | 435 | 1.1.- F.E. | | | |
| 9 | 1 | 4 | | S.B.-31.12 | 435 | 436 | 1.1.- F.E. | | | |
| 9 | 1 | 5 | | S.B.-31.12 | 436 | 437 | 1.1.- F.E. | 436.07.29. | 70.00% | sun eclipse |
| 9 | 1 | 6 | | S.B.-31.12 | 437 | 438 | 1.1.- F.E. | | | |
| 9 | 1 | 7 | | S.B.-31.12 | 438 | 439 | 1.1.- F.E. | 439.05.28. | 80% | sun eclipse |
| 9 | 1 | 8 | | S.B.-31.12 | 439 | 440 | 1.1.- F.E. | | | |
| 9 | 1 | 9 | | S.B.-31.12 | 440 | 441 | 1.1.- F.E. | | | |
| 9 | 1 | 10 | | S.B.-31.12 | 441 | 442 | 1.1.- F.E. | | | |

| | | | | | | | | | |
|---|---|---|---|---|---|---|---|---|---|
| 9 | 1 | 11 | | S.B.-31.12 | 442 | 443 | 1.1.- F.E. | | |
| 9 | 1 | 12 | | S.B.-31.12 | 443 | 444 | 1.1.- F.E. | | |
| 9 | 1 | 13 | Madrid S. 85 - 9.1.13.3.9.6.12. 10.2.6. | S.B.-31.12 | 444 | 445 | 1.1.- F.E. | | |
| 9 | 1 | 14 | | S.B.-31.12 | 445 | 446 | 1.1.- F.E. | | |
| 9 | 1 | 15 | | S.B.-31.12 | 446 | 447 | 1.1.- F.E. | | |
| 9 | 1 | 16 | | S.B.-31.12 | 447 | 448 | 1.1.- F.E. | | |
| 9 | 1 | 17 | | S.B.-31.12 | 448 | 449 | 1.1.- F.E. | | |
| 9 | 1 | 18 | | S.B.-31.12 | 449 | 450 | 1.1.- F.E. | 450.04.27. | 90% | sun eclipse |
| 9 | 1 | 19 | | S.B.-31.12 | 450 | 451 | 1.1.- F.E. | 450.10.21. | 50.00% | sun eclipse |
| 9 | 2 | 0 | Dresdner S.50 - 9.2.0.0. | S.B.-31.12 | 451 | 452 | 1.1.- F.E. | 451.10.10. | 60% | sun eclipse |
| 9 | 2 | 1 | | S.B.-31.12 | 452 | 453 | 1.1.- F.E. | | |
| 9 | 2 | 2 | | S.B.-31.12 | 453 | 454 | 1.1.- F.E. | 453.02.24. | 80% | sun eclipse |
| 9 | 2 | 3 | | S.B.-31.12 | 454 | 455 | 1.1.- F.E. | | |
| 9 | 2 | 4 | | S.B.-31.12 | 455 | 456 | 1.1.- F.E. | | |
| 9 | 2 | 5 | | S.B.-31.12 | 456 | 457 | 1.1.- F.E. | | |
| 9 | 2 | 6 | Copan 170 9. 2. 6.17. 1 9 Imix 4 Kumk'u | S.B.-31.12 | 457 | 458 | 1.1.- F.E. | | |
| 9 | 2 | 7 | | S.B.-31.12 | 458 | 459 | 1.1.- F.E. | | |
| 9 | 2 | 8 | | S.B.-31.12 | 459 | 460 | 1.1.- F.E. | | |
| 9 | 2 | 9 | | S.B.-31.12 | 460 | 461 | 1.1.- F.E. | | |
| 9 | 2 | 10 | | S.B.-31.12 | 461 | 462 | 1.1.- F.E. | | |
| 9 | 2 | 11 | | S.B.-31.12 | 462 | 463 | 1.1.- F.E. | | |
| 9 | 2 | 12 | | S.B.-31.12 | 463 | 464 | 1.1.- F.E. | | |
| 9 | 2 | 13 | Tikal 13 9. 2.13. 0. 0 - 4 Ahaw 13 K'ayab | S.B.-31.12 | 464 | 465 | 1.1.- F.E. | | |
| 9 | 2 | 14 | | S.B.-31.12 | 465 | 466 | 1.1.- F.E. | | |
| 9 | 2 | 15 | | S.B.-31.12 | 466 | 467 | 1.1.- F.E. | | |
| 9 | 2 | 16 | | S.B.-31.12 | 467 | 468 | 1.1.- F.E. | | |
| 9 | 2 | 17 | | S.B.-31.12 | 468 | 469 | 1.1.- F.E. | | |
| 9 | 2 | 18 | Quiriguá 26 9. 2.18.13. 1 - 11 Imix 4 Sak | S.B.-31.12 | 469 | 470 | 1.1.- F.E. | | |

| | | | | | | | | | |
|---|---|---|---|---|---|---|---|---|---|
| 9 | 2 | 19 | | S.B.-31.12 | 470 | 471 | 1.1.- F.E. | | | |
| 9 | 3 | 0 | Pul D 9. 3. 0. 0. 0 - 2 Ahaw 18 Muwan | S.B.-31.12 | 471 | 472 | 1.1.- F.E. | | | |
| 9 | 3 | 1 | | S.B.-31.12 | 472 | 473 | 1.1.- F.E. | | | |
| 9 | 3 | 2 | | S.B.-31.12 | 473 | 474 | 1.1.- F.E. | | | |
| 9 | 3 | 3 | Bonampak Pan 9. 3. 3.16. 4 - 2 K'an 2 Mak | S.B.-31.12 | 474 | 475 | 1.1.- F.E. | | | |
| 9 | 3 | 4 | | S.B.-31.12 | 475 | 476 | 1.1.- F.E. | | | |
| 9 | 3 | 5 | | S.B.-31.12 | 476 | 477 | 1.1.- F.E. | | | |
| 9 | 3 | 6 | | S.B.-31.12 | 477 | 478 | 1.1.- F.E. | | | |
| 9 | 3 | 7 | | S.B.-31.12 | 478 | 479 | 1.1.- F.E. | | | |
| 9 | 3 | 8 | | S.B.-31.12 | 479 | 480 | 1.1.- F.E. | | | |
| 9 | 3 | 9 | Tikal 23 9. 3. 9.13. 3 - 8 Ak'bal 11 Mol | S.B.-31.12 | 480 | 481 | 1.1.- F.E. | | | |
| 9 | 3 | 10 | Waxaktun 22 9. 3.10. 0. 0 - 1 Ahaw 8 Mak | S.B.-31.12 | 481 | 482 | 1.1.- F.E. | | | |
| 9 | 3 | 11 | | S.B.-31.12 | 482 | 483 | 1.1.- F.E. | | | |
| 9 | 3 | 12 | | S.B.-31.12 | 483 | 484 | 1.1.- F.E. | 483.07.20. | 70.00% | sun eclipse |
| 9 | 3 | 13 | | S.B.-31.12 | 484 | 485 | 1.1.- F.E. | | | |
| 9 | 3 | 14 | | S.B.-31.12 | 485 | 486 | 1.1.- F.E. | | | |
| 9 | 3 | 15 | | S.B.-31.12 | 486 | 487 | 1.1.- F.E. | | | |
| 9 | 3 | 16 | | S.B.-31.12 | 487 | 488 | 1.1.- F.E. | | | |
| 9 | 3 | 17 | Xulton o 6 9. 3.17. 0. 0 - 12 Ahaw 13 Sak | S.B.-31.12 | 488 | 489 | 1.1.- F.E. | | | |
| 9 | 3 | 18 | | S.B.-31.12 | 489 | 490 | 1.1.- F.E. | | | |
| 9 | 3 | 19 | 9. 3.19. 5.12 12 Eb 15 Pax / 9. 3.19.11.10 13 Ok 8 Sotz' / KC Pan 9. 3.19. 3. 8 - 7 Lamat 11 K'ank'in | S.B.-31.12 | 490 | 491 | 1.1.- F.E. | 490.08.31. | 100% | sun eclipse |
| 9 | 4 | 0 | Tikal 6 9. 4. 0. 0. 0 - 13 Ahaw 18 Yax | S.B.-31.12 | 491 | 492 | 1.1.- F.E. | | | |

| 9 | 4 | 1 |  | S.B.-31.12 | 492 | 493 | 1.1.- F.E. |  |  |  |
|---|---|---|---|---|---|---|---|---|---|---|
| 9 | 4 | 2 |  | S.B.-31.12 | 493 | 494 | 1.1.- F.E. |  |  |  |
| 9 | 4 | 3 |  | S.B.-31.12 | 494 | 495 | 1.1.- F.E. |  |  |  |
| 9 | 4 | 4 |  | S.B.-31.12 | 495 | 496 | 1.1.- F.E. |  |  |  |
| 9 | 4 | 5 |  | S.B.-31.12 | 496 | 497 | 1.1.- F.E. |  |  |  |
| 9 | 4 | 6 | Bonampak PO 9. 4. 6.14. 9 5 Muluk' 12 Sek | S.B.-31.12 | 497 | 498 | 1.1.- F.E. |  |  |  |
| 9 | 4 | 7 |  | S.B.-31.12 | 498 | 499 | 1.1.- F.E. |  |  |  |
| 9 | 4 | 8 |  | S.B.-31.12 | 499 | 500 | 1.1.- F.E. |  |  |  |
| 9 | 4 | 9 |  | S.B.-31.12 | 500 | 501 | 1.1.- F.E. |  |  |  |
| 9 | 4 | 10 | Dresdner S. 49 - 9.4.10.0. / Altar de... ASac 12   9. 4.10. 0. 0  12 Ahaw 8 Mol | S.B.-31.12 | 501 | 502 | 1.1.- F.E. |  |  |  |
| 9 | 4 | 11 | Yaxchilán templos 11-22 9.4.11.8.16 - 2 Kib 19 Pax | S.B.-31.12 | 502 | 503 | 1.1.- F.E. |  |  |  |
| 9 | 4 | 12 |  | S.B.-31.12 | 503 | 504 | 1.1.- F.E. | 504.05.29 | 60% | sun eclipse |
| 9 | 4 | 13 | Tikal 12   9. 4.13. 0. 0 - 13 Ahaw 13 Yaxk'in | S.B.-31.12 | 504 | 505 | 1.1.- F.E. |  |  |  |
| 9 | 4 | 14 | Resbalón HS 9. 4.14.10. 4 - 5 K'an 12 K'ayab | S.B.-31.12 | 505 | 506 | 1.1.- F.E. | 505.11.11. | 80% | sun eclipse |
| 9 | 4 | 15 |  | S.B.-31.12 | 506 | 507 | 1.1.- F.E. |  |  |  |
| 9 | 4 | 16 |  | S.B.-31.12 | 507 | 508 | 1.1.- F.E. |  |  |  |
| 9 | 4 | 17 |  | S.B.-31.12 | 508 | 509 | 1.1.- F.E. |  |  |  |
| 9 | 4 | 18 |  | S.B.-31.12 | 509 | 510 | 1.1.- F.E. |  |  |  |
| 9 | 4 | 19 |  | S.B.-31.12 | 510 | 511 | 1.1.- F.E. |  |  |  |
| 9 | 5 | 0 | Tikal 12   9. 5. 0. 0. 0 - 11 Ahaw 18 Sek | S.B.-31.12 | 511 | 512 | 1.1.- F.E. |  |  |  |
| 9 | 5 | 1 |  | S.B.-31.12 | 512 | 513 | 1.1.- F.E. |  |  |  |
| 9 | 5 | 2 | Piedra Labrada 5 | S.B.-31.12 | 513 | 514 | 1.1.- F.E. |  |  |  |
| 9 | 5 | 3 |  | S.B.-31.12 | 514 | 515 | 1.1.- F.E. |  |  |  |
| 9 | 5 | 4 |  | S.B.-31.12 | 515 | 516 | 1.1.- F.E. |  |  |  |

| | | | | | | | | | |
|---|---|---|---|---|---|---|---|---|---|
| 9 | 5 | 5 | | S.B.-31.12 | 516 | 517 | 1.1.- F.E. | | |
| 9 | 5 | 6 | | S.B.-31.12 | 517 | 518 | 1.1.- F.E. | | |
| 9 | 5 | 7 | Copan Ant 9. 5. 7.12. 2 4 Ik 5 Pax | S.B.-31.12 | 518 | 519 | 1.1.- F.E. | | | Calakmul: Stele 9 vor Gebäude IVb: Schiefer, Dias, Museum Campeche |
| 9 | 5 | 8 | | S.B.-31.12 | 519 | 520 | 1.1.- F.E. | | |
| 9 | 5 | 9 | | S.B.-31.12 | 520 | 521 | 1.1.- F.E. | | |
| 9 | 5 | 10 | | S.B.-31.12 | 521 | 522 | 1.1.- F.E. | | |
| 9 | 5 | 11 | | S.B.-31.12 | 522 | 523 | 1.1.- F.E. | | |
| 9 | 5 | 12 | | S.B.-31.12 | 523 | 524 | 1.1.- F.E. | | |
| 9 | 5 | 13 | | S.B.-31.12 | 524 | 525 | 1.1.- F.E. | | |
| 9 | 5 | 14 | Piedra Labrada 4 - 9.5.14.0.17 - 11 Kab'an 5 Sip | S.B.-31.12 | 525 | 526 | 1.1.- F.E. | 526.03.28. | 70.00 % | sun eclipse |
| 9 | 5 | 15 | | S.B.-31.12 | 526 | 527 | 1.1.- F.E. | | |
| 9 | 5 | 16 | | S.B.-31.12 | 527 | 528 | 1.1.- F.E. | | |
| 9 | 5 | 17 | | S.B.-31.12 | 528 | 529 | 1.1.- F.E. | | |
| 9 | 5 | 18 | | S.B.-31.12 | 529 | 530 | 1.1.- F.E. | | |
| 9 | 5 | 19 | Copan HS 9. 5.19. 3. 0 8 Ahaw 3 Sotz' | S.B.-31.12 | 530 | 531 | 1.1.- F.E. | 530.07.10. | 70.00 % | sun eclipse |
| 9 | 6 | 0 | | S.B.-31.12 | 531 | 532 | 1.1.- F.E. | | |
| 9 | 6 | 1 | | S.B.-31.12 | 532 | 533 | 1.1.- F.E. | | |
| 9 | 6 | 2 | | S.B.-31.12 | 533 | 534 | 1.1.- F.E. | | |
| 9 | 6 | 3 | | S.B.-31.12 | 534 | 535 | 1.1.- F.E. | | |
| 9 | 6 | 4 | | S.B.-31.12 | 535 | 536 | 1.1.- F.E. | | |
| 9 | 6 | 5 | | S.B.-31.12 | 536 | 537 | 1.1.- F.E. | | |
| 9 | 6 | 6 | | S.B.-31.12 | 537 | 538 | 1.1.- F.E. | | |
| 9 | 6 | 7 | | S.B.-31.12 | 538 | 539 | 1.1.- F.E. | | |

| | | | | | | | | | |
|---|---|---|---|---|---|---|---|---|---|
| 9 | 6 | 8 | Piedra Labrada 4 - 9.6.8.12.1. - 10 Imix 19 Yak | S.B.-31.12 | 539 | 540 | 1.1.- F.E. | | |
| 9 | 6 | 9 | | S.B.-31.12 | 540 | 541 | 1.1.- F.E. | | |
| 9 | 6 | 10 | Copan 9  9. 6.10. 0. 0  8 Ahaw 13 Pax Escalinata Jeroglífica 3 de Yaxchilán 9.6.10.14.15. 4 Men 3 Mak | S.B.-31.12 | 541 | 542 | 1.1.- F.E. | | |
| 9 | 6 | 11 | | S.B.-31.12 | 542 | 543 | 1.1.- F.E. | | |
| 9 | 6 | 12 | | S.B.-31.12 | 543 | 544 | 1.1.- F.E. | | |
| 9 | 6 | 13 | | S.B.-31.12 | 544 | 545 | 1.1.- F.E. | | |
| 9 | 6 | 14 | | S.B.-31.12 | 545 | 546 | 1.1.- F.E. | | |
| 9 | 6 | 15 | | S.B.-31.12 | 546 | 547 | 1.1.- F.E. | | |
| 9 | 6 | 16 | | S.B.-31.12 | 547 | 548 | 1.1.- F.E. | | |
| 9 | 6 | 17 | | S.B.-31.12 | 548 | 549 | 1.1.- F.E. | | |
| 9 | 6 | 18 | | S.B.-31.12 | 549 | 550 | 1.1.- F.E. | | |
| 9 | 6 | 19 | | S.B.-31.12 | 550 | 551 | 1.1.- F.E. | | |
| 9 | 7 | 0 | Pul O  9. 7. 0. 0. 0 - 7 Ahaw 3 K'ank'in | S.B.-31.12 | 551 | 552 | 1.1.- F.E. | | |
| 9 | 7 | 1 | Balakbal 5  9. 7. 1. 6. 0  6 Ahaw 13 Pop | S.B.-31.12 | 552 | 553 | 1.1.- F.E. | | |
| 9 | 7 | 2 | | S.B.-31.12 | 553 | 554 | 1.1.- F.E. | | |
| 9 | 7 | 3 | | S.B.-31.12 | 554 | 555 | 1.1.- F.E. | 554.09.12. | 50.00 % | sun eclipse |
| 9 | 7 | 4 | | S.B.-31.12 | 555 | 556 | 1.1.- F.E. | 556.02.26. | 70.00 % | sun eclipse |
| 9 | 7 | 5 | Copan HS 9. 7. 5. 0. 8  8 Lamat 6 Mak | S.B.-31.12 | 556 | 557 | 1.1.- F.E. | | |
| 9 | 7 | 6 | | S.B.-31.12 | 557 | 558 | 1.1.- F.E. | | |
| 9 | 7 | 7 | | S.B.-31.12 | 558 | 559 | 1.1.- F.E. | | |
| 9 | 7 | 8 | | S.B.-31.12 | 559 | 560 | 1.1.- F.E. | | |
| 9 | 7 | 9 | | S.B.-31.12 | 560 | 561 | 1.1.- F.E. | | |
| 9 | 7 | 10 | | S.B.-31.12 | 561 | 562 | 1.1.- F.E. | | |
| 9 | 7 | 11 | | S.B.-31.12 | 562 | 563 | 1.1.- F.E. | | |
| 9 | 7 | 12 | | S.B.-31.12 | 563 | 564 | 1.1.- F.E. | | |

| | | | | | | | | | |
|---|---|---|---|---|---|---|---|---|---|
| 9 | 7 | 13 | | S.B.-31.12 | 564 | 565 | 1.1.- F.E. | 565.02.16. | 100% | sun eclipse |
| 9 | 7 | 14 | | S.B.-31.12 | 565 | 566 | 1.1.- F.E. | | | |
| 9 | 7 | 15 | | S.B.-31.12 | 566 | 567 | 1.1.- F.E. | | | |
| 9 | 7 | 16 | Calakmul Stele 9  9.7.16.4.13 | S.B.-31.12 | 567 | 568 | 1.1.- F.E. | | | Stele 9 vor Gebäude IVb: Schiefer, Dias, Museum Campeche, |
| 9 | 7 | 17 | Disco de Chinkultic - 9.7.17.7.14 - 11 | S.B.-31.12 | 568 | 569 | 1.1.- F.E. | 568.12.04. & 569.05.31 | 90% & 60% | sun eclipse |
| 9 | 7 | 18 | | S.B.-31.12 | 569 | 570 | 1.1.- F.E. | | | |
| 9 | 7 | 19 | | S.B.-31.12 | 570 | 571 | 1.1.- F.E. | | | |
| 9 | 8 | 0 | Brs Pn 9. 8. 0. 0. 0  5 Ahaw 3 Ch'en | S.B.-31.12 | 571 | 572 | 1.1.- F.E. | | | |
| 9 | 8 | 1 | | S.B.-31.12 | 572 | 573 | 1.1.- F.E. | | | |
| 9 | 8 | 2 | | S.B.-31.12 | 573 | 574 | 1.1.- F.E. | | | |
| 9 | 8 | 3 | | S.B.-31.12 | 574 | 575 | 1.1.- F.E. | | | |
| 9 | 8 | 4 | | S.B.-31.12 | 575 | 576 | 1.1.- F.E. | | | |
| 9 | 8 | 5 | | S.B.-31.12 | 576 | 577 | 1.1.- F.E. | | | |
| 9 | 8 | 6 | Piedra Labrada 4 & 2 - 9.8.6.13.17 -11 Kab'an 5 Sip | S.B.-31.12 | 577 | 578 | 1.1.- F.E. | 577.07.01. | 70.00 % | sun eclipse |
| 9 | 8 | 7 | | S.B.-31.12 | 578 | 579 | 1.1.- F.E. | | | |
| 9 | 8 | 8 | Piedra Labrada 2 - 9.8.8.12.0. 5 Ajaw 3 Wayeb | S.B.-31.12 | 579 | 580 | 1.1.- F.E. | 580.04.29. | 100% | |
| 9 | 8 | 9 | Dindel 4 E 6 Bonampak - 9.8.9.15.11 | S.B.-31.12 | 580 | 581 | 1.1.- F.E. | | | sun eclipse |
| 9 | 8 | 10 | Pn 25  9. 8.10. 6.16 - 10 Kib 9 Mak | S.B.-31.12 | 581 | 582 | 1.1.- F.E. | | | |
| 9 | 8 | 11 | | S.B.-31.12 | 582 | 583 | 1.1.- F.E. | | | |

| | | | | | | | | | |
|---|---|---|---|---|---|---|---|---|---|
| 9 | 8 | 12 | Piedra Labrada 2 - 9.8.12.0.0. 9 Ajaw 3 Xul | S.B.-31.12 | 583 | 584 | 1.1.- F.E. | | | |
| 9 | 8 | 13 | | S.B.-31.12 | 584 | 585 | 1.1.- F.E. | 584.08.11. | 70.00% | sun eclipse |
| 9 | 8 | 14 | | S.B.-31.12 | 585 | 586 | 1.1.- F.E. | | | |
| 9 | 8 | 15 | | S.B.-31.12 | 586 | 587 | 1.1.- F.E. | | | |
| 9 | 8 | 16 | | S.B.-31.12 | 587 | 588 | 1.1.- F.E. | | | |
| 9 | 8 | 17 | | S.B.-31.12 | 588 | 589 | 1.1.- F.E. | | | |
| 9 | 8 | 18 | | S.B.-31.12 | 589 | 590 | 1.1.- F.E. | | | |
| 9 | 8 | 19 | | S.B.-31.12 | 590 | 591 | 1.1.- F.E. | 591.03.30 | 50% | sun ecl. über Südamerika |
| 9 | 9 | 0 | Copan 7 9. 9. 0. 0. 0 3 Ahaw 3 Sotz' | S.B.-31.12 | 591 | 592 | 1.1.- F.E. | | | |
| 9 | 9 | 1 | Madrid S.82 - 9.9.1.9.3. - 7 / Piedra Labrada 4 - 9.9.1.7.1. - 10 Imix 19 Yak | S.B.-31.12 | 592 | 593 | 1.1.- F.E. | | | |
| 9 | 9 | 2 | Quiriguá GP1 9. 9. 2. 0. 8 - 3 Lamat 1 Sotz' | S.B.-31.12 | 593 | 594 | 1.1.- F.E. | | | |
| 9 | 9 | 3 | | S.B.-31.12 | 594 | 595 | 1.1.- F.E. | | | |
| 9 | 9 | 4 | Cobal 16 9. 9. 4. 4. 7 - 9 Manik' 10 Yaxk'in | S.B.-31.12 | 595 | 596 | 1.1.- F.E. | | | |
| 9 | 9 | 5 | Altar de… ASac 18 9. 9. 5. 0. 0 9 Ahaw 18 Wo | S.B.-31.12 | 596 | 597 | 1.1.- F.E. | | | |
| 9 | 9 | 6 | | S.B.-31.12 | 597 | 598 | 1.1.- F.E. | | | |
| 9 | 9 | 7 | | S.B.-31.12 | 598 | 599 | 1.1.- F.E. | | | |
| 9 | 9 | 8 | | S.B.-31.12 | 599 | 600 | 1.1.- F.E. | | | |
| 9 | 9 | 9 | Madrid S.10 - 9.9.9.5 | S.B.-31.12 | 600 | 601 | 1.1.- F.E. | | | |
| 9 | 9 | 10 | Copan P - 9. 9.10. 0. 0 2 Ahaw 13 Pop / Cobal 6 9. 9.10. 0. 0 - 2 Ahaw 13 Pop / Naachtun NAA | S.B.-31.12 | 601 | 602 | 1.1.- F.E. | 602.02.27 | 60% | |

| | | | | | | | | | |
|---|---|---|---|---|---|---|---|---|---|
| | | | 1 9. 9.10. 0. 0 - 2 Ahaw 13 Pop | | | | | | |
| 9 | 9 | 11 | | S.B.-31.12 | 602 | 603 | 1.1.- F.E. | | | |
| 9 | 9 | 12 | | S.B.-31.12 | 603 | 604 | 1.1.- F.E. | 603.08.12 | 1 | |
| 9 | 9 | 13 | | S.B.-31.12 | 604 | 605 | 1.1.- F.E. | | | |
| 9 | 9 | 14 | Copan HS 9. 9.14.17. 5 6 Chikc 18 K'ayab | S.B.-31.12 | 605 | 606 | 1.1.- F.E. | | | |
| 9 | 9 | 15 | Altar de... ASac 8 9. 9.15. 0. 0 - 8 Ahaw 13 Kumk'u | S.B.-31.12 | 606 | 607 | 1.1.- F.E. | | | |
| 9 | 9 | 16 | | S.B.-31.12 | 607 | 608 | 1.1.- F.E. | | | |
| 9 | 9 | 17 | | S.B.-31.12 | 608 | 609 | 1.1.- F.E. | 608.10.14. | 60% | sun eclipse |
| 9 | 9 | 18 | | S.B.-31.12 | 609 | 610 | 1.1.- F.E. | 609.10.03. & 610.03.30 | 50% & 50% | 2 x sun eclipse |
| 9 | 9 | 19 | | S.B.-31.12 | 610 | 611 | 1.1.- F.E. | | | |
| 9 | 10 | 0 | Altar de... ASac 9 9.10. 0. 0. 0 - 1 Ahaw 8 K'ayab | S.B.-31.12 | 611 | 612 | 1.1.- F.E. | | | |
| 9 | 10 | 1 | | S.B.-31.12 | 612 | 613 | 1.1.- F.E. | | | |
| 9 | 10 | 2 | | S.B.-31.12 | 613 | 614 | 1.1.- F.E. | | | |
| 9 | 10 | 3 | Altar de... ASac 4 9.10. 3.17. 0 - 4 Ahaw 8 Muwan | S.B.-31.12 | 614 | 615 | 1.1.- F.E. | | | |
| 9 | 10 | 4 | | S.B.-31.12 | 615 | 616 | 1.1.- F.E. | | | |
| 9 | 10 | 5 | | S.B.-31.12 | 616 | 617 | 1.1.- F.E. | | | |
| 9 | 10 | 6 | Piedras N. 36 9.10. 6. 5. 9 - 8 Muluk' 2 Sip | S.B.-31.12 | 617 | 618 | 1.1.- F.E. | | | |
| 9 | 10 | 7 | | S.B.-31.12 | 618 | 619 | 1.1.- F.E. | | | |
| 9 | 10 | 8 | | S.B.-31.12 | 619 | 620 | 1.1.- F.E. | | | |
| 9 | 10 | 9 | Piedra Labrada 5 - 9.10.9.9.14 3 Hix 12 Xul | S.B.-31.12 | 620 | 621 | 1.1.- F.E. | | | |
| 9 | 10 | 10 | Piedra Labrada | S.B.-31.12 | 621 | 622 | 1.1.- F.E. | | | |

| | | | | | | | | | | |
|---|---|---|---|---|---|---|---|---|---|---|
| | | | 5 - 9.10.10.8.16 | | | | | | | |
| 9 | 10 | 11 | Nim Li P NIM 14 9.18. 0. 0. 0 - 11 Ahaw 18 Mak / Palenque PAL PT 9.10.11.17. 0 - 11 Ahaw 8 Mak | S.B.-31.12 | 622 | 623 | 1.1.- F.E. | 623.01.06. | 60% | sun eclipse |
| 9 | 10 | 12 | | S.B.-31.12 | 623 | 624 | 1.1.- F.E. | 624.06.21. | 80% | sun eclipse |
| 9 | 10 | 13 | | S.B.-31.12 | 624 | 625 | 1.1.- F.E. | | | |
| 9 | 10 | 14 | | S.B.-31.12 | 625 | 626 | 1.1.- F.E. | | | |
| 9 | 10 | 15 | Copan 12 9.10.15. 0. 0 6 Ahaw 13 Mak / Pul D 9.10.15. 0. 0 - 6 Ahaw 13 Mak / Piedra Labrada 5 - 9.10.15.7.4. 7 K'an 12 Wo & 9.10.15.7.4. 7 K'an 12 Wo | S.B.-31.12 | 626 | 627 | 1.1.- F.E. | | | |
| 9 | 10 | 16 | Cay CAY DO 9.10.16. 8.14 | S.B.-31.12 | 627 | 628 | 1.1.- F.E. | | | |
| 9 | 10 | 17 | Altar de... ASac 5 9.10.11.12.17 - 6 Kaban 5 Ch'en | S.B.-31.12 | 628 | 629 | 1.1.- F.E. | | | |
| 9 | 10 | 18 | | S.B.-31.12 | 629 | 630 | 1.1.- F.E. | | | |
| 9 | 10 | 19 | Copan Xx 9.10.19.X.Y. / Piedra Labrada 4 - 9.10.19.8.17. - 11 Kab'an 5 Sip | S.B.-31.12 | 630 | 631 | 1.1.- F.E. | | | |
| 9 | 11 | 0 | Copan 13 9.11. 0. 0. 0 12 Ahaw 8 Keh / Tonina 9 9.11. 0. 0. 0 - 12 Ahaw 8 Keh | S.B.-31.12 | 631 | 632 | 1.1.- F.E. | | | |
| 9 | 11 | 1 | | S.B.-31.12 | 632 | 633 | 1.1.- F.E. | 632.08.03. | 60% | sun eclipse |
| 9 | 11 | 2 | Cay CAY DO 9.10.16. 8.14 - 7 Ix 17 | S.B.-31.12 | 633 | 634 | 1.1.- F.E. | | | |

| | | | Sip | | | | | | |
|---|---|---|---|---|---|---|---|---|---|
| 9 | 11 | 3 | | S.B.-31.12 | 634 | 635 | 1.1.- F.E. | | |
| 9 | 11 | 4 | Piedra Labrada 4 - 9.11.4.2.1. - 10 Imix 19 Yak | S.B.-31.12 | 635 | 636 | 1.1.- F.E. | 635.11.15. | 60% | sun eclipse |
| 9 | 11 | 5 | | S.B.-31.12 | 636 | 637 | 1.1.- F.E. | | |
| 9 | 11 | 6 | Piedras N. L2 9.11. 6. 2. 1 3 Imix 19 Keh | S.B.-31.12 | 637 | 638 | 1.1.- F.E. | | |
| 9 | 11 | 7 | | S.B.-31.12 | 638 | 639 | 1.1.- F.E. | 638.09.13. | 70.00% | sun eclipse |
| 9 | 11 | 8 | | S.B.-31.12 | 639 | 640 | 1.1.- F.E. | | |
| 9 | 11 | 9 | Piedras N. 35 9.11. 9. 8. 6 - 12 Kimi 9 Kumk'u | S.B.-31.12 | 640 | 641 | 1.1.- F.E. | | |
| 9 | 11 | 10 | | S.B.-31.12 | 641 | 642 | 1.1.- F.E. | | |
| 9 | 11 | 11 | | S.B.-31.12 | 642 | 643 | 1.1.- F.E. | 642.07.02. | 70.00% | sun eclipse |
| 9 | 11 | 12 | Piedras N. 8 9.11.12. 7. 2 - 2 Ik 10 Pax | S.B.-31.12 | 643 | 644 | 1.1.- F.E. | | |
| 9 | 11 | 13 | | S.B.-31.12 | 644 | 645 | 1.1.- F.E. | | |
| 9 | 11 | 14 | | S.B.-31.12 | 645 | 646 | 1.1.- F.E. | | |
| 9 | 11 | 15 | Copan 5alt 9.11.15. 0. 0 4 Ahaw 13 Mol | S.B.-31.12 | 646 | 647 | 1.1.- F.E. | | |
| 9 | 11 | 16 | Yaxchilan 6 9.11.16.10.13 - 5 Ben 1 Wayeb | S.B.-31.12 | 647 | 648 | 1.1.- F.E. | | |
| 9 | 11 | 17 | | S.B.-31.12 | 648 | 649 | 1.1.- F.E. | | |
| 9 | 11 | 18 | | S.B.-31.12 | 649 | 650 | 1.1.- F.E. | 650.02.06. | 60% | sun eclipse |
| 9 | 11 | 19 | | S.B.-31.12 | 650 | 651 | 1.1.- F.E. | | |
| 9 | 12 | 0 | Dos Pilas DPL 8 9.12. 0.10.11 13 Chuwan 19 K'ayab / Etzna ETZ 18 9.12. 0. 0. 0 10 Ahaw 8 Yaxk'in / Piedras N. 37 | S.B.-31.12 | 651 | 652 | 1.1.- F.E. | | |

| | | | | | | | | | | |
|---|---|---|---|---|---|---|---|---|---|---|
| | | | 9.12. 0. 0. 0 - 10 Ahaw 8 Yaxk'in / Pul K 9.12. 0. 0. 0  10 Ahaw 8 Yaxk'in | | | | | | | |
| 9 | 12 | 1 | | S.B.-31.12 | 652 | 653 | 1.1.- F.E. | 652.06.11. | 20% | |
| 9 | 12 | 2 | Piedras N. 1 & 3  9.12. 2. 0.16  5 Kib 14 Yaxk'in | S.B.-31.12 | 653 | 654 | 1.1.- F.E. | | | |
| 9 | 12 | 3 | Copan I 9.12. 3.14. 0 5 Ahaw 8 Wo | S.B.-31.12 | 654 | 655 | 1.1.- F.E. | | | |
| 9 | 12 | 4 | | S.B.-31.12 | 655 | 656 | 1.1.- F.E. | 656.03.31. | 100% | |
| 9 | 12 | 5 | | S.B.-31.12 | 656 | 657 | 1.1.- F.E. | | | |
| 9 | 12 | 6 | Palenque PAL 18   9.12. 6. 5. 8  3 Lamat 6 Sak | S.B.-31.12 | 657 | 658 | 1.1.- F.E. | 657.09.13. | 20% | |
| 9 | 12 | 7 | | S.B.-31.12 | 658 | 659 | 1.1.- F.E. | | | |
| 9 | 12 | 8 | Copan H' 9.12. 8. 3. 9 - 8 Muluk' 17 Mol / Yaxchilan HS3 9.12. 8.13. 1 - 5 Imix 9 Kumk'u | S.B.-31.12 | 659 | 660 | 1.1.- F.E. | | | |
| 9 | 12 | 9 | | S.B.-31.12 | 660 | 661 | 1.1.- F.E. | | | |
| 9 | 12 | 10 | Copan 6 & Dos Pilas -9.12.10. 0. 0  9 Ahaw 18 Sotz' / Cobal  1 9.12.10. 5.12 - 4 Eb 10 Yax / Naranjo Nar 24 9.12.10. 5.12 - 4 Eb 10 Yax  / Tonina 8 9.12.10. 0. 0 - 9 Ahaw 18 Sotz' | S.B.-31.12 | 661 | 662 | 1.1.- F.E. | | | |
| 9 | 12 | 11 | Piedra Labrada 1 - 9.12.11.6.9. | S.B.-31.12 | 662 | 663 | 1.1.- F.E. | 662.11.16. | 60% | sun eclipse |
| 9 | 12 | 12 | Dos Pilas DPL HS 9.12.12.11. 2  2 | S.B.-31.12 | 663 | 664 | 1.1.- F.E. | 663.11.05. & 664.05.01 | 30% & 80% | 2 x sun eclipse |

| | | | | | | | | | |
|---|---|---|---|---|---|---|---|---|---|
| | | | Ik 10 Muwan | | | | | | |
| 9 | 12 | 13 | | S.B.-31.12 | 664 | 665 | 1.1.- F.E. | | |
| 9 | 12 | 14 | | S.B.-31.12 | 665 | 666 | 1.1.- F.E. | | |
| 9 | 12 | 15 | Naranjo 22 9.12.15.13. 7 - 9 Manik' 20 Pax / Petén Estela 6 de Piedras Negras 9.12.15.0.0. 1 Ahaw 13 Sip | S.B.-31.12 | 666 | 667 | 1.1.- F.E. | | |
| 9 | 12 | 16 | | S.B.-31.12 | 667 | 668 | 1.1.- F.E. | | |
| 9 | 12 | 17 | | S.B.-31.12 | 668 | 669 | 1.1.- F.E. | | |
| 9 | 12 | 18 | Quiriguá GP4 9.12.18. 1. 1 - 11 Imix 19 Sip | S.B.-31.12 | 669 | 670 | 1.1.- F.E. | | |
| 9 | 12 | 19 | Palenque TFC & TS 9.12.19.14.12 - 5 Eb 5 K'ayab | S.B.-31.12 | 670 | 671 | 1.1.- F.E. | | |
| 9 | 13 | 0 | Madrid S.25 - 9.13. / Piedras N. 11 9.13. 0. 0. 0 - 8 Ahaw 8 Wo / Piedra Labrada 1 - 9.13.0.0.0. | S.B.-31.12 | 671 | 672 | 1.1.- F.E. | | |
| 9 | 13 | 1 | | S.B.-31.12 | 672 | 673 | 1.1.- F.E. | | |
| 9 | 13 | 2 | | S.B.-31.12 | 673 | 674 | 1.1.- F.E. | | |
| 9 | 13 | 3 | Copan HS 9.13. 3. 6. 8 7 Lamat 1 Mol | S.B.-31.12 | 674 | 675 | 1.1.- F.E. | | |
| 9 | 13 | 4 | | S.B.-31.12 | 675 | 676 | 1.1.- F.E. | | |
| 9 | 13 | 5 | Madrid S.43 - 9.13.5. | S.B.-31.12 | 676 | 677 | 1.1.- F.E. | | |
| 9 | 13 | 6 | | S.B.-31.12 | 677 | 678 | 1.1.- F.E. | | |
| 9 | 13 | 7 | | S.B.-31.12 | 678 | 679 | 1.1.- F.E. | | |
| 9 | 13 | 8 | | S.B.-31.12 | 679 | 680 | 1.1.- F.E. | | |
| 9 | 13 | 9 | | S.B.-31.12 | 680 | 681 | 1.1.- F.E. | | |

| | | | | | | | | | |
|---|---|---|---|---|---|---|---|---|---|
| 9 | 13 | 10 | Copan J 9.13.10. 0. 0 7 Ahaw 3 Kumk'u & Dresdner S. 50 / Palenque PAL PT 9.13.10. 6. 8 - 5 Lamat 6 Xul | S.B.-31.12 | 681 | 682 | 1.1.- F.E. | 682.05.13 | 20% | sun eclipse |
| 9 | 13 | 11 | | S.B.-31.12 | 682 | 683 | 1.1.- F.E. | | | |
| 9 | 13 | 12 | Dresdner S. 49 - 9.13.12.10 / Piedra Labrada 4 - 9.13.12.3.17. - 11 Kab'an 5 Sip | S.B.-31.12 | 683 | 684 | 1.1.- F.E. | | | |
| 9 | 13 | 13 | | S.B.-31.12 | 684 | 685 | 1.1.- F.E. | 684.09.15 | 60% | sun eclipse |
| 9 | 13 | 14 | | S.B.-31.12 | 685 | 686 | 1.1.- F.E. | | | |
| 9 | 13 | 15 | | S.B.-31.12 | 686 | 687 | 1.1.- F.E. | | | |
| 9 | 13 | 16 | | S.B.-31.12 | 687 | 688 | 1.1.- F.E. | | | |
| 9 | 13 | 17 | Yaxchilán Dintels 29-30 9.13.17.12.10 8 Ok 13 Yax | S.B.-31.12 | 688 | 689 | 1.1.- F.E. | | | |
| 9 | 13 | 18 | Copan HS 9.13.18.17.19 9 Kawak 17 Muwan / Naranjo Nar 23 9.13.18. 4.18 - 8 Etz'n... 16 Wo | S.B.-31.12 | 689 | 690 | 1.1.- F.E. | 689.12.17. | 100% | sun eclipse |
| 9 | 13 | 19 | | S.B.-31.12 | 690 | 691 | 1.1.- F.E. | | | |
| 9 | 14 | 0 | Cobal / Dos Pilas / Etzna 9.14. 0. 0. 0 - 6 Ahaw 13 Muwan / Piedras N. 3 9.14. 0. 0. 0 6 Ahaw 13 Muwan | S.B.-31.12 | 691 | 692 | 1.1.- F.E. | | | |
| 9 | 14 | 1 | Yaxchilan L46 9.14. 1.17.14 - 5 Ix 17 K'ank'in | S.B.-31.12 | 692 | 693 | 1.1.- F.E. | | | |
| 9 | 14 | 2 | Piedra Labrada 2 9.14.2.2.6. | S.B.-31.12 | 693 | 694 | 1.1.- F.E. | | | |

| 9 | 14 | 3 | Naranjo Nar 30 9.14. 3. 0. 0 - 7 Ahaw 18 K'ank'in | S.B.-31.12 | 694 | 695 | 1.1.- F.E. | | | |
|---|---|---|---|---|---|---|---|---|---|---|
| 9 | 14 | 4 | | S.B.-31.12 | 695 | 696 | 1.1.- F.E. | | | |
| 9 | 14 | 5 | Bln 1 - 9.14. 5. 0. 0 - 12 Ahaw 8 K'ank'in / Tonina 136 - 9.14. 5. 0. 0 - 12 Ahaw 8 K'ank'in / Piedra Labrada 2 - 9.14.5.2.9. | S.B.-31.12 | 696 | 697 | 1.1.- F.E. | 696.08.03. & 696.02.08 | 100% | 2 x sun eclipse! |
| 9 | 14 | 6 | Piedra Labrada 4 - 9.14.6.15.1. - 10 Imix 19 Yak | S.B.-31.12 | 697 | 698 | 1.1.- F.E. | 697.07.23 | 50% | |
| 9 | 14 | 7 | | S.B.-31.12 | 698 | 699 | 1.1.- F.E. | | | |
| 9 | 14 | 8 | Palenque PT 9.14. 8.14.15 - 9 Men 3 Yax | S.B.-31.12 | 699 | 700 | 1.1.- F.E. | | | |
| 9 | 14 | 9 | | S.B.-31.12 | 700 | 701 | 1.1.- F.E. | | | |
| 9 | 14 | 10 | Palenque 9.14.10.4.2. / Calakmul 9.14.10.0.0. / Nim Li P NIM 15 9.14.10. 0. 0 - 5 Ahaw 3 Mak | S.B.-31.12 | 701 | 702 | 1.1.- F.E. | | | |
| 9 | 14 | 11 | Bonampak Zur 9.14.11. 5. 8 - 5 Lamat 6 Kumk'u | S.B.-31.12 | 702 | 703 | 1.1.- F.E. | | | |
| 9 | 14 | 12 | Yaxchilan Dindel 26 - 9.14.12.6.12.2. | S.B.-31.12 | 703 | 704 | 1.1.- F.E. | 704.03.10. | 60% | sun eclipse |
| 9 | 14 | 13 | Stele in Quirigua 9.14.13.4.17 12 Caban 5 Kayeb | S.B.-31.12 | 704 | 705 | 1.1.- F.E. | | | |
| 9 | 14 | 14 | Yaxchilan L26 9.14.14.13.17 - 6 Kaban 15 Yaxk'in | S.B.-31.12 | 705 | 706 | 1.1.- F.E. | | | |

| 9 | 14 | 15 | Copan Til 9.14.15. 0. 0 11 Ahaw 18 Sak / Naranjo Nar 18 9.14.15. 0. 0 11 Ahaw 18 Sak | S.B.-31.12 | 706 | 707 | 1.1.- F.E. | | | |
|---|----|----|---|---|---|---|---|---|---|---|
| 9 | 14 | 16 | | S.B.-31.12 | 707 | 708 | 1.1.- F.E. | | | |
| 9 | 14 | 17 | Escalinata Jeroglífica 3 de Yaxchilán 9.14.17.15.11. - 2 Chuen 14 Mol | S.B.-31.12 | 708 | 709 | 1.1.- F.E. | | | |
| 9 | 14 | 18 | Cay No 9.14.18.15. 1 1 Imix 19 Yaxk'in / Monumento 161 Tonina chiapas 9.14.18.14.12 - 5 Eb 10 Yayk'In | S.B.-31.12 | 709 | 710 | 1.1.- F.E. | 710.05.03. | 80% | sun eclipse |
| 9 | 14 | 19 | Copan A 9.14.19. 8. 0 - 12 Ahaw 18 Kumk'u / Calakmul 51 9.14.19. 5. 0 - 4 Ahaw 18 Muwan & 9.14.19.17.0. 10 Ajaw 13 Chen / Clevelan Clv Lin 9.14.19. 9.12 - 5 Eb 5 Wo | S.B.-31.12 | 710 | 711 | 1.1.- F.E. | | | |
| 9 | 15 | 0 | Estela 2 de Arroyo de Pietra 9.15.0.0.0. / Calakmul 52 9.15. 0. 0. 0 - 4 Ahaw 13 Yax & 89 9.15. 0. 0.14 - 5 Ix 7 Sak / La Flori… 9 9.15. 0. 0. 0 | S.B.-31.12 | 711 | 712 | 1.1.- F.E. | 711.10.16. | 60% | sun eclipse |

| | | | | | | | | | |
|---|---|---|---|---|---|---|---|---|---|
| | | | - 4 Ahaw 13 Yax / Panel de Zurich - 9.15.0.13.6. / Dindel 3 Bonampark 9.15.0.13.6. | | | | | | |
| 9 | 15 | 1 | | S.B.-31.12 | 712 | 713 | 1.1.- F.E. | | |
| 9 | 15 | 2 | | S.B.-31.12 | 713 | 714 | 1.1.- F.E. | | |
| 9 | 15 | 3 | | S.B.-31.12 | 714 | 715 | 1.1.- F.E. | | |
| 9 | 15 | 4 | Dos Pilas DPL 16   9.15. 4. 6. 4 - 8 K'an 17 Muwan / Itzan or… ITZ 17 9.15. 4.15. 3  5 Ak'bal 11 Xul | S.B.-31.12 | 715 | 716 | 1.1.- F.E. | | |
| 9 | 15 | 5 | | S.B.-31.12 | 716 | 717 | 1.1.- F.E. | 716.12.18 | 60% | sun ecl. über Nordamerika |
| 9 | 15 | 6 | Yaxchilan LS6 9.15. 6.13. 1 - 7 Imix 19 Sip | S.B.-31.12 | 717 | 718 | 1.1.- F.E. | 717.12.07 | 20% | sun ecl. über Südamerika |
| 9 | 15 | 7 | | S.B.-31.12 | 718 | 719 | 1.1.- F.E. | | |
| 9 | 15 | 8 | | S.B.-31.12 | 719 | 720 | 1.1.- F.E. | | |
| 9 | 15 | 9 | | S.B.-31.12 | 720 | 721 | 1.1.- F.E. | | |
| 9 | 15 | 10 | Piedras N. 10 9.15.10. 0. 0 - 3 Ahaw 3 Mol / Pru  27 9.15.10. 0. 0 - 3 Ahaw 3 Mol | S.B.-31.12 | 721 | 722 | 1.1.- F.E. | 722.03.21 | 15.00% | sun ecl. über Nordamerika |
| 9 | 15 | 11 | | S.B.-31.12 | 722 | 723 | 1.1.- F.E. | | |
| 9 | 15 | 12 | Xcaret?  TI 9.15.12. 6. 9 - 7 Muluk' 2 K'ank'in | S.B.-31.12 | 723 | 724 | 1.1.- F.E. | | |
| 9 | 15 | 13 | Seibal HS 9.15.13.13. 0 - 4 Ahaw 3 Wo | S.B.-31.12 | 724 | 725 | 1.1.- F.E. | | |
| 9 | 15 | 14 | | S.B.-31.12 | 725 | 726 | 1.1.- F.E. | | |

| 9 | 15 | 15 | Quiriguá S 9.15.15. 0. 0 - 9 Ahaw 18 Xul / Piedra Labrada 5 - 9.15.15.4.10 3 Hix 12 Xul / Panel de Zurich - 9.15.15.0.0. / Dindel 3 Bonampark - 9.15.15.0.0. | S.B.-31.12 | 726 | 727 | 1.1.- F.E. | | | |
|---|---|---|---|---|---|---|---|---|---|---|
| 9 | 15 | 16 | | S.B.-31.12 | 727 | 728 | 1.1.- F.E. | 728.05.13 | 60% | sun ecl. über Nordamerika |
| 9 | 15 | 17 | Dindel de Kuna-Lakanha - 9.15.17.2.3 | S.B.-31.12 | 728 | 729 | 1.1.- F.E. | | | |
| 9 | 15 | 18 | Piedras N. L3 9.15.18. 3.13 - 5 Ben 16 Ch'en | S.B.-31.12 | 729 | 730 | 1.1.- F.E. | | | |
| 9 | 15 | 19 | | S.B.-31.12 | 730 | 731 | 1.1.- F.E. | | | |
| 9 | 16 | 0 | Cay L1 9.16.0. 2.16 - 6 Kib 9 Molb / Piedra Labrada 5 - 9.16.0.15.4. 7 K'an 12 Wo | S.B.-31.12 | 731 | 732 | 1.1.- F.E. | | | |
| 9 | 16 | 1 | Yaxchilán Dintels 29-31 - 9.16.1.0.0 11 Ajaw 8 Sek | S.B.-31.12 | 732 | 733 | 1.1.- F.E. | | | |
| 9 | 16 | 2 | | S.B.-31.12 | 733 | 734 | 1.1.- F.E. | | | |
| 9 | 16 | 3 | Balakbal BAL 7 9.16. 3. 5.14 - 13 Ix 12 Yax | S.B.-31.12 | 734 | 735 | 1.1.- F.E. | | | |
| 9 | 16 | 4 | Yaxchilán T116 - 9.16.4.1.1 & Templo 10L-26 9.16.4.1.0. / Piedra Labrada 4 - 9.16.4.16.17 - 11 Kab'an 5 Sip | S.B.-31.12 | 735 | 736 | 1.1.- F.E. | | | |

| | | | | | | | | | |
|---|---|---|---|---|---|---|---|---|---|
| 9 | 16 | 5 | Copan M 9.16. 5. 0. 0 8 Ahaw 8 Sotz' / Piedras N. 14 9.16. 6.17. 1 - 7 Imix 19 Wo | S.B.-31.12 | 736 | 737 | 1.1.- F.E. | 736.06.13. | 60% | sun eclipse |
| 9 | 16 | 6 | Yaxchilán T116 9.16.6.0.0. / Piedras N. 14 9.16. 6.17. 1 - 7 Imix 19 Wo | S.B.-31.12 | 737 | 738 | 1.1.- F.E. | | | |
| 9 | 16 | 7 | Quiriguá GP9 9.16. 7. 7.17 - 1 Kaban 15 Sak | S.B.-31.12 | 738 | 739 | 1.1.- F.E. | | | |
| 9 | 16 | 8 | | S.B.-31.12 | 739 | 740 | 1.1.- F.E. | | | |
| 9 | 16 | 9 | | S.B.-31.12 | 740 | 741 | 1.1.- F.E. | | | |
| 9 | 16 | 10 | Copan N 9.16.10. 0. 0 1 Ahaw 3 Sip / Quiriguá F 9.16.10. 0. 0 1 - Ahaw 3 Sip / Sacul 1 9.16.10. 0. 0 1 Ahaw 3 Sip | S.B.-31.12 | 741 | 742 | 1.1.- F.E. | | | |
| 9 | 16 | 11 | | S.B.-31.12 | 742 | 743 | 1.1.- F.E. | | | |
| 9 | 16 | 12 | Copan T11 9.16.12. 5.17 6 Kaban 10 Mol / CRC 3 9.16.12. 4. 6 - 1 Kimi 19 Xul | S.B.-31.12 | 743 | 744 | 1.1.- F.E. | 743.07.25. & 744.01.19 | 70% & 100% | 2 x sun eclipse |
| 9 | 16 | 13 | Copan T11 9.16.13.0.0. & Dintels T116 - Yaxchilán Dintel 33 / Quiriguá Dw 9.16.13. 4.17 - 8 Kaban 5 Yaxk'in | S.B.-31.12 | 744 | 745 | 1.1.- F.E. | | | |
| 9 | 16 | 14 | | S.B.-31.12 | 745 | 746 | 1.1.- F.E. | | | |
| 9 | 16 | 15 | Quiriguá De & J 9.16.15. 0. 0 - 7 Ahaw 18 Pop | S.B.-31.12 | 746 | 747 | 1.1.- F.E. | | | |
| 9 | 16 | 16 | | S.B.-31.12 | 747 | 748 | 1.1.- F.E. | | | |
| 9 | 16 | 17 | Yaxchilán T116 | S.B.-31.12 | 748 | 749 | 1.1.- F.E. | | | |

| | | | 9.16.17.6.2. | | | | | | | |
|---|---|---|---|---|---|---|---|---|---|---|
| 9 | 16 | 18 | | S.B.-31.12 | 749 | 750 | 1.1.- F.E. | 750.03.12. | 80% | sun eclipse |
| 9 | 16 | 19 | Piedra Labrada 4 - 9.16.19.10.1. - 10 Imix 19 Yak | S.B.-31.12 | 750 | 751 | 1.1.- F.E. | | | |
| 9 | 17 | 0 | Yaxchilán Dintels 29-30 9.17.0.0.0. / Naranjo Nar 13 9.17. 0. 0. 0 - 13 Ahaw 18 Kumk'u / Quiriguá Ee 9.17. 0. 0. 0 - 13 Ahaw 18 Kumk'u / Tonina 3 9.17. 0. 0. 0 -13 Ahaw 18 Kumk'u | S.B.-31.12 | 751 | 752 | 1.1.- F.E. | | | |
| 9 | 17 | 1 | | S.B.-31.12 | 752 | 753 | 1.1.- F.E. | | | |
| 9 | 17 | 2 | Copan T1I 9.17. 2.12.16 1 Kib 19 Keh | S.B.-31.12 | 753 | 754 | 1.1.- F.E. | | | |
| 9 | 17 | 3 | | S.B.-31.12 | 754 | 755 | 1.1.- F.E. | | | |
| 9 | 17 | 4 | | S.B.-31.12 | 755 | 756 | 1.1.- F.E. | | | |
| 9 | 17 | 5 | Quiriguá A 9.17. 5. 0. 0 - 6 Ahaw 13 K'ayab / Edificio 1 de Bonampak 9.17.5.8.9.9. / Dindel de Kuna-Lakanha - 9.17.5.8.9. | S.B.-31.12 | 756 | 757 | 1.1.- F.E. | | | |
| 9 | 17 | 6 | | S.B.-31.12 | 757 | 758 | 1.1.- F.E. | | | |
| 9 | 17 | 7 | | S.B.-31.12 | 758 | 759 | 1.1.- F.E. | | | |
| 9 | 17 | 8 | | S.B.-31.12 | 759 | 760 | 1.1.- F.E. | | | |
| 9 | 17 | 9 | Ixkun IXK 2 9.17. 9. 0.13 - 3 Ben 6 K'ayab | S.B.-31.12 | 760 | 761 | 1.1.- F.E. | | | |

| | | | | | | | | | |
|---|---|---|---|---|---|---|---|---|---|
| 9 | 17 | 10 | Cobal 20 9.17.10. 0. 0 - 12 Ahaw 8 Pax / Quiriguá B 9.17.10. 0. 0 - 12 Ahaw 8 Pax | S.B.-31.12 | 761 | 762 | 1.1.- F.E. | 761.07.09 | 50% | |
| 9 | 17 | 11 | | S.B.-31.12 | 762 | 763 | 1.1.- F.E. | | | |
| 9 | 17 | 12 | | S.B.-31.12 | 763 | 764 | 1.1.- F.E. | | | |
| 9 | 17 | 13 | Naranjo Nar 14 9.17.13. 4. 3 5 Ak'bal 11 Pop | S.B.-31.12 | 764 | 765 | 1.1.- F.E. | | | |
| 9 | 17 | 14 | Quiriguá O 9.17.14.16.18 - 9 Etz'n… 1 K'ank'in | S.B.-31.12 | 765 | 766 | 1.1.- F.E. | 765.11.17. | 70.00% | sun eclipse |
| 9 | 17 | 15 | Quiriguá G 9.17.15. 0. 0 - 5 Ahaw 3 Muwan | S.B.-31.12 | 766 | 767 | 1.1.- F.E. | | | |
| 9 | 17 | 16 | | S.B.-31.12 | 767 | 768 | 1.1.- F.E. | | | |
| 9 | 17 | 17 | | S.B.-31.12 | 768 | 769 | 1.1.- F.E. | | | |
| 9 | 17 | 18 | | S.B.-31.12 | 769 | 770 | 1.1.- F.E. | | | |
| 9 | 17 | 19 | | S.B.-31.12 | 770 | 771 | 1.1.- F.E. | | | |
| 9 | 18 | 0 | Bonampak Ptg 9.18. 0. 3. 4 - 10 K'an 2 K'ayab / Ixkun IXK 1 9.18. 0. 0. 0 - 11 Ahaw 18 Mak / Nim Li P… NIM 14 9.18. 0. 0. 0 - 11 Ahaw 18 Mak / Sacul 9 9.18. 0. 0. 0 11 Ahaw 18 Mak | S.B.-31.12 | 771 | 772 | 1.1.- F.E. | 772.01.09. | 50% | sun eclipse |
| 9 | 18 | 1 | Edificio 1 de Bonampak 9.18.1.2.0. | S.B.-31.12 | 772 | 773 | 1.1.- F.E. | | | |
| 9 | 18 | 2 | | S.B.-31.12 | 773 | 774 | 1.1.- F.E. | | | |
| 9 | 18 | 3 | | S.B.-31.12 | 774 | 775 | 1.1.- F.E. | | | |
| 9 | 18 | 4 | | S.B.-31.12 | 775 | 776 | 1.1.- F.E. | | | |
| 9 | 18 | 5 | Piedras N. 12 9.18. 5. 0. 0 - 4 Ahaw 13 Keh / Quiriguá P | S.B.-31.12 | 776 | 777 | 1.1.- F.E. | | | |

| | | | | | | | | | |
|---|---|---|---|---|---|---|---|---|---|
| | | | 9.18. 5. 0. 0 - 4 Ahaw 13 Keh | | | | | | |
| 9 | 18 | 6 | | S.B.-31.12 | 777 | 778 | 1.1.- F.E. | | |
| 9 | 18 | 7 | | S.B.-31.12 | 778 | 779 | 1.1.- F.E. | | |
| 9 | 18 | 8 | | S.B.-31.12 | 779 | 780 | 1.1.- F.E. | | |
| 9 | 18 | 9 | Palenque PAL IS 9.18. 9. 4. 4 - 7 K'an 17 Muwan | S.B.-31.12 | 780 | 781 | 1.1.- F.E. | | |
| 9 | 18 | 10 | Naranjo Nar 8 9.18.10. 0. 0 - 10 Ahaw 8 Sak / Quiriguá I 9.18.10. 0. 0 - 10 Ahaw 8 Sak | S.B.-31.12 | 781 | 782 | 1.1.- F.E. | | |
| 9 | 18 | 11 | | S.B.-31.12 | 782 | 783 | 1.1.- F.E. | 783.06.04. | 70.00% | sun eclipse |
| 9 | 18 | 12 | | S.B.-31.12 | 783 | 784 | 1.1.- F.E. | | |
| 9 | 18 | 13 | | S.B.-31.12 | 784 | 785 | 1.1.- F.E. | | |
| 9 | 18 | 14 | | S.B.-31.12 | 785 | 786 | 1.1.- F.E. | | |
| 9 | 18 | 15 | | S.B.-31.12 | 786 | 787 | 1.1.- F.E. | | |
| 9 | 18 | 16 | | S.B.-31.12 | 787 | 788 | 1.1.- F.E. | | |
| 9 | 18 | 17 | Piedra Labrada 4 - 9.18.17.11.17 11 Kab'an 5 Sip | S.B.-31.12 | 788 | 789 | 1.1.- F.E. | | |
| 9 | 18 | 18 | | S.B.-31.12 | 789 | 790 | 1.1.- F.E. | | |
| 9 | 18 | 19 | | S.B.-31.12 | 790 | 791 | 1.1.- F.E. | 790.07.16. | 90% | sun eclipse |
| 9 | 19 | 0 | Quiriguá HS 9.19. 0. 0. 0 - 9 Ahaw 18 Mol | S.B.-31.12 | 791 | 792 | 1.1.- F.E. | | |
| 9 | 19 | 1 | | S.B.-31.12 | 792 | 793 | 1.1.- F.E. | | |
| 9 | 19 | 2 | | S.B.-31.12 | 793 | 794 | 1.1.- F.E. | | |
| 9 | 19 | 3 | | S.B.-31.12 | 794 | 795 | 1.1.- F.E. | | |
| 9 | 19 | 4 | | S.B.-31.12 | 795 | 796 | 1.1.- F.E. | | |
| 9 | 19 | 5 | | S.B.-31.12 | 796 | 797 | 1.1.- F.E. | | |
| 9 | 19 | 6 | | S.B.-31.12 | 797 | 798 | 1.1.- F.E. | 797.08.26. & 798.02.20 | 100% & 90% | 2 x sun eclipse |
| 9 | 19 | 7 | | S.B.-31.12 | 798 | 799 | 1.1.- F.E. | | |

| | | | | | | | | | |
|---|---|---|---|---|---|---|---|---|---|
| 9 | 19 | 8 | | S.B.-31.12 | 799 | 800 | 1.1.- F.E. | | | |
| 9 | 19 | 9 | | S.B.-31.12 | 800 | 801 | 1.1.- F.E. | | | |
| 9 | 19 | 10 | | S.B.-31.12 | 801 | 802 | 1.1.- F.E. | | | |
| 9 | 19 | 11 | Dresdner S. 49 - 9.19.11.13 | S.B.-31.12 | 802 | 803 | 1.1.- F.E. | | | |
| 9 | 19 | 12 | Piedra Labrada 4 - 9.19.12.5.1. - 10 Imix 19 Yak | S.B.-31.12 | 803 | 804 | 1.1.- F.E. | 804.04.13. | 50% | sun eclipse |
| 9 | 19 | 13 | Dresdner S. 48 - 9.19.13.12.8 | S.B.-31.12 | 804 | 805 | 1.1.- F.E. | | | |
| 9 | 19 | 14 | | S.B.-31.12 | 805 | 806 | 1.1.- F.E. | 805.09.26. | 60% | sun eclipse |
| 9 | 19 | 15 | | S.B.-31.12 | 806 | 807 | 1.1.- F.E. | | | |
| 9 | 19 | 16 | | S.B.-31.12 | 807 | 808 | 1.1.- F.E. | | | |
| 9 | 19 | 17 | | S.B.-31.12 | 808 | 809 | 1.1.- F.E. | | | |
| 9 | 19 | 18 | | S.B.-31.12 | 809 | 810 | 1.1.- F.E. | | | |
| 9 | 19 | 19 | | S.B.-31.12 | 810 | 811 | 1.1.- F.E. | | | |
| 10 | 0 | 0 | | S.B.-31.12 | 811 | 812 | 1.1.- F.E. | | | |
| 10 | 0 | 1 | | S.B.-31.12 | 812 | 813 | 1.1.- F.E. | | | |
| 10 | 0 | 2 | | S.B.-31.12 | 813 | 814 | 1.1.- F.E. | | | |
| 10 | 0 | 3 | | S.B.-31.12 | 814 | 815 | 1.1.- F.E. | | | |
| 10 | 0 | 4 | | S.B.-31.12 | 815 | 816 | 1.1.- F.E. | | | |
| 10 | 0 | 5 | | S.B.-31.12 | 816 | 817 | 1.1.- F.E. | | | |
| 10 | 0 | 6 | | S.B.-31.12 | 817 | 818 | 1.1.- F.E. | | | |
| 10 | 0 | 7 | | S.B.-31.12 | 818 | 819 | 1.1.- F.E. | | | |
| 10 | 0 | 8 | | S.B.-31.12 | 819 | 820 | 1.1.- F.E. | | | |
| 10 | 0 | 9 | | S.B.-31.12 | 820 | 821 | 1.1.- F.E. | | | |
| 10 | 0 | 10 | | S.B.-31.12 | 821 | 822 | 1.1.- F.E. | | | |
| 10 | 0 | 11 | | S.B.-31.12 | 822 | 823 | 1.1.- F.E. | | | |
| 10 | 0 | 12 | | S.B.-31.12 | 823 | 824 | 1.1.- F.E. | | | |
| 10 | 0 | 13 | | S.B.-31.12 | 824 | 825 | 1.1.- F.E. | | | |
| 10 | 0 | 14 | | S.B.-31.12 | 825 | 826 | 1.1.- F.E. | 826.02.10. | 90% | sun eclipse |
| 10 | 0 | 15 | | S.B.-31.12 | 826 | 827 | 1.1.- F.E. | | | |
| 10 | 0 | 16 | | S.B.-31.12 | 827 | 828 | 1.1.- F.E. | | | |
| 10 | 0 | 17 | | S.B.-31.12 | 828 | 829 | 1.1.- F.E. | | | |
| 10 | 0 | 18 | | S.B.-31.12 | 829 | 830 | 1.1.- F.E. | 830.05.25. | 60% | sun eclipse |

| | | | | | | | | | |
|---|---|---|---|---|---|---|---|---|---|
| 10 | 0 | 19 | | S.B.-31.12 | 830 | 831 | 1.1.- F.E. | | | |
| 10 | 1 | 0 | | S.B.-31.12 | 831 | 832 | 1.1.- F.E. | | | |
| 10 | 1 | 1 | | S.B.-31.12 | 832 | 833 | 1.1.- F.E. | | | |
| 10 | 1 | 2 | | S.B.-31.12 | 833 | 834 | 1.1.- F.E. | | | |
| 10 | 1 | 3 | Madrid S. 85 - 10.1.3.3.2.6.9.10.8.5 | S.B.-31.12 | 834 | 835 | 1.1.- F.E. | | | |
| 10 | 1 | 4 | | S.B.-31.12 | 835 | 836 | 1.1.- F.E. | | | |
| 10 | 1 | 5 | | S.B.-31.12 | 836 | 837 | 1.1.- F.E. | | | |
| 10 | 1 | 6 | | S.B.-31.12 | 837 | 838 | 1.1.- F.E. | 837.07.06. | 60% | sun eclipse |
| 10 | 1 | 7 | | S.B.-31.12 | 838 | 839 | 1.1.- F.E. | | | |
| 10 | 1 | 8 | | S.B.-31.12 | 839 | 840 | 1.1.- F.E. | | | |
| 10 | 1 | 9 | | S.B.-31.12 | 840 | 841 | 1.1.- F.E. | | | |
| 10 | 1 | 10 | | S.B.-31.12 | 841 | 842 | 1.1.- F.E. | | | |
| 10 | 1 | 11 | | S.B.-31.12 | 842 | 843 | 1.1.- F.E. | | | |
| 10 | 1 | 12 | | S.B.-31.12 | 843 | 844 | 1.1.- F.E. | | | |
| 10 | 1 | 13 | | S.B.-31.12 | 844 | 845 | 1.1.- F.E. | 844.08.17. | 50% | sun eclipse |
| 10 | 1 | 14 | | S.B.-31.12 | 845 | 846 | 1.1.- F.E. | | | |
| 10 | 1 | 15 | | S.B.-31.12 | 846 | 847 | 1.1.- F.E. | | | |
| 10 | 1 | 16 | | S.B.-31.12 | 847 | 848 | 1.1.- F.E. | | | |
| 10 | 1 | 17 | | S.B.-31.12 | 848 | 849 | 1.1.- F.E. | | | |
| 10 | 1 | 18 | | S.B.-31.12 | 849 | 850 | 1.1.- F.E. | | | |
| 10 | 1 | 19 | | S.B.-31.12 | 850 | 851 | 1.1.- F.E. | | | |
| 10 | 2 | 0 | | S.B.-31.12 | 851 | 852 | 1.1.- F.E. | 851.09.28. & 852.03.24 | 70% & 20% | 2 x sun eclipse |
| 10 | 2 | 1 | | S.B.-31.12 | 852 | 853 | 1.1.- F.E. | 853.03.13. | 20% | sun eclipse |
| 10 | 2 | 2 | | S.B.-31.12 | 853 | 854 | 1.1.- F.E. | | | |
| 10 | 2 | 3 | | S.B.-31.12 | 854 | 855 | 1.1.- F.E. | 854.07.28. | 20% | sun eclipse |
| 10 | 2 | 4 | Dresdner S. 50 - Korrigiert! 10.2.4. | S.B.-31.12 | 855 | 856 | 1.1.- F.E. | 855.07.17. & 856.01.11 | 60% & 60% | 2 x sun eclipse |
| 10 | 2 | 5 | | S.B.-31.12 | 856 | 857 | 1.1.- F.E. | | | sun eclipse |
| 10 | 2 | 6 | C. Madrid S.10 - 10.2.6.8. | S.B.-31.12 | 857 | 858 | 1.1.- F.E. | 858.05.16. | 1.80 % | sun eclipse |
| 10 | 2 | 7 | | S.B.-31.12 | 858 | 859 | 1.1.- F.E. | | | |

| | | | | | | | | | |
|---|---|---|---|---|---|---|---|---|---|
| 10 | 2 | 8 | | S.B.-31.12 | 859 | 860 | 1.1.- F.E. | 859.10.29. | 80% | sun eclipse |
| 10 | 2 | 9 | Chichen T I 10. 2. 9. 1. 9 - 9 Muluk' 7 Sak | S.B.-31.12 | 860 | 861 | 1.1.- F.E. | | | |
| 10 | 2 | 10 | | S.B.-31.12 | 861 | 862 | 1.1.- F.E. | | | |
| 10 | 2 | 11 | | S.B.-31.12 | 862 | 863 | 1.1.- F.E. | | | |
| 10 | 2 | 12 | | S.B.-31.12 | 863 | 864 | 1.1.- F.E. | | | |
| 10 | 2 | 13 | | S.B.-31.12 | 864 | 865 | 1.1.- F.E. | | | |
| 10 | 2 | 14 | | S.B.-31.12 | 865 | 866 | 1.1.- F.E. | | | |
| 10 | 2 | 15 | | S.B.-31.12 | 866 | 867 | 1.1.- F.E. | | | |
| 10 | 2 | 16 | | S.B.-31.12 | 867 | 868 | 1.1.- F.E. | | | |
| 10 | 2 | 17 | | S.B.-31.12 | 868 | 869 | 1.1.- F.E. | 869.04.15. | 50% | sun eclipse |
| 10 | 2 | 18 | | S.B.-31.12 | 869 | 870 | 1.1.- F.E. | | | |
| 10 | 2 | 19 | | S.B.-31.12 | 870 | 871 | 1.1.- F.E. | | | |
| 10 | 3 | 0 | | S.B.-31.12 | 871 | 872 | 1.1.- F.E. | | | |
| 10 | 3 | 1 | | S.B.-31.12 | 872 | 873 | 1.1.- F.E. | | | |
| 10 | 3 | 2 | | S.B.-31.12 | 873 | 874 | 1.1.- F.E. | | | |
| 10 | 3 | 3 | | S.B.-31.12 | 874 | 875 | 1.1.- F.E. | | | |
| 10 | 3 | 4 | | S.B.-31.12 | 875 | 876 | 1.1.- F.E. | | | |
| 10 | 3 | 5 | | S.B.-31.12 | 876 | 877 | 1.1.- F.E. | 877.05.16. | 70.00% | sun eclipse |
| 10 | 3 | 6 | | S.B.-31.12 | 877 | 878 | 1.1.- F.E. | | | |
| 10 | 3 | 7 | | S.B.-31.12 | 878 | 879 | 1.1.- F.E. | | | |
| 10 | 3 | 8 | | S.B.-31.12 | 879 | 880 | 1.1.- F.E. | 880.03.14. | 100% | sun eclipse |
| 10 | 3 | 9 | | S.B.-31.12 | 880 | 881 | 1.1.- F.E. | | | |
| 10 | 3 | 10 | | S.B.-31.12 | 881 | 882 | 1.1.- F.E. | | | |
| 10 | 3 | 11 | | S.B.-31.12 | 882 | 883 | 1.1.- F.E. | | | |
| 10 | 3 | 12 | | S.B.-31.12 | 883 | 884 | 1.1.- F.E. | | | |
| 10 | 3 | 13 | | S.B.-31.12 | 884 | 885 | 1.1.- F.E. | 884.06.26. | 100% | sun eclipse |
| 10 | 3 | 14 | | S.B.-31.12 | 885 | 886 | 1.1.- F.E. | | | |
| 10 | 3 | 15 | | S.B.-31.12 | 886 | 887 | 1.1.- F.E. | | | |
| 10 | 3 | 16 | | S.B.-31.12 | 887 | 888 | 1.1.- F.E. | | | |
| 10 | 3 | 17 | | S.B.-31.12 | 888 | 889 | 1.1.- F.E. | | | |
| 10 | 3 | 18 | | S.B.-31.12 | 889 | 890 | 1.1.- F.E. | | | |

| | | | | | | | | | |
|---|---|---|---|---|---|---|---|---|---|
| 10 | 3 | 19 | | S.B.-31.12 | 890 | 891 | 1.1.- F.E. | | |
| 10 | 4 | 0 | | S.B.-31.12 | 891 | 892 | 1.1.- F.E. | | |
| 10 | 4 | 1 | | S.B.-31.12 | 892 | 893 | 1.1.- F.E. | | |
| 10 | 4 | 2 | | S.B.-31.12 | 893 | 894 | 1.1.- F.E. | | |
| 10 | 4 | 3 | | S.B.-31.12 | 894 | 895 | 1.1.- F.E. | | |
| 10 | 4 | 4 | | S.B.-31.12 | 895 | 896 | 1.1.- F.E. | | |
| 10 | 4 | 5 | | S.B.-31.12 | 896 | 897 | 1.1.- F.E. | | |
| 10 | 4 | 6 | | S.B.-31.12 | 897 | 898 | 1.1.- F.E. | | |
| 10 | 4 | 7 | | S.B.-31.12 | 898 | 899 | 1.1.- F.E. | | |
| 10 | 4 | 8 | | S.B.-31.12 | 899 | 900 | 1.1.- F.E. | | |
| 10 | 4 | 9 | | S.B.-31.12 | 900 | 901 | 1.1.- F.E. | | |
| 10 | 4 | 10 | | S.B.-31.12 | 901 | 902 | 1.1.- F.E. | | |
| 10 | 4 | 11 | | S.B.-31.12 | 902 | 903 | 1.1.- F.E. | | |
| 10 | 4 | 12 | | S.B.-31.12 | 903 | 904 | 1.1.- F.E. | | |
| 10 | 4 | 13 | | S.B.-31.12 | 904 | 905 | 1.1.- F.E. | | |
| 10 | 4 | 14 | | S.B.-31.12 | 905 | 906 | 1.1.- F.E. | | |
| 10 | 4 | 15 | | S.B.-31.12 | 906 | 907 | 1.1.- F.E. | | |
| 10 | 4 | 16 | | S.B.-31.12 | 907 | 908 | 1.1.- F.E. | | |
| 10 | 4 | 17 | | S.B.-31.12 | 908 | 909 | 1.1.- F.E. | | |
| 10 | 4 | 18 | | S.B.-31.12 | 909 | 910 | 1.1.- F.E. | 910.02.12. | 70.00% | sun eclipse |
| 10 | 4 | 19 | | S.B.-31.12 | 910 | 911 | 1.1.- F.E. | | |
| 10 | 5 | 0 | | S.B.-31.12 | 911 | 912 | 1.1.- F.E. | | |
| 10 | 5 | 1 | | S.B.-31.12 | 912 | 913 | 1.1.- F.E. | | |
| 10 | 5 | 2 | | S.B.-31.12 | 913 | 914 | 1.1.- F.E. | | |
| 10 | 5 | 3 | | S.B.-31.12 | 914 | 915 | 1.1.- F.E. | | |
| 10 | 5 | 4 | | S.B.-31.12 | 915 | 916 | 1.1.- F.E. | | |
| 10 | 5 | 5 | | S.B.-31.12 | 916 | 917 | 1.1.- F.E. | | |
| 10 | 5 | 6 | | S.B.-31.12 | 917 | 918 | 1.1.- F.E. | | |
| 10 | 5 | 7 | | S.B.-31.12 | 918 | 919 | 1.1.- F.E. | | |
| 10 | 5 | 8 | | S.B.-31.12 | 919 | 920 | 1.1.- F.E. | | |
| 10 | 5 | 9 | | S.B.-31.12 | 920 | 921 | 1.1.- F.E. | | |
| 10 | 5 | 10 | | S.B.-31.12 | 921 | 922 | 1.1.- F.E. | | |
| 10 | 5 | 11 | | S.B.-31.12 | 922 | 923 | 1.1.- F.E. | | |
| 10 | 5 | 12 | Madrid S. 26 - | S.B.-31.12 | 923 | 924 | 1.1.- F.E. | 924.05.06. | 100% | sun |

| | | | 10.5.12. | | | | | | eclipse |
|---|---|---|---|---|---|---|---|---|---|
| 10 | 5 | 13 | | S.B.-31.12 | 924 | 925 | 1.1.- F.E. | | |
| 10 | 5 | 14 | | S.B.-31.12 | 925 | 926 | 1.1.- F.E. | | |
| 10 | 5 | 15 | | S.B.-31.12 | 926 | 927 | 1.1.- F.E. | | |
| 10 | 5 | 16 | | S.B.-31.12 | 927 | 928 | 1.1.- F.E. | | |
| 10 | 5 | 17 | | S.B.-31.12 | 928 | 929 | 1.1.- F.E. | | |
| 10 | 5 | 18 | | S.B.-31.12 | 929 | 930 | 1.1.- F.E. | | |
| 10 | 5 | 19 | | S.B.-31.12 | 930 | 931 | 1.1.- F.E. | 931.06.18. | 80% | sun eclipse |
| 10 | 6 | 0 | | S.B.-31.12 | 931 | 932 | 1.1.- F.E. | | |
| 10 | 6 | 1 | | S.B.-31.12 | 932 | 933 | 1.1.- F.E. | | |
| 10 | 6 | 2 | | S.B.-31.12 | 933 | 934 | 1.1.- F.E. | 934.04.16. | 60% | sun eclipse |
| 10 | 6 | 3 | | S.B.-31.12 | 934 | 935 | 1.1.- F.E. | | |
| 10 | 6 | 4 | | S.B.-31.12 | 935 | 936 | 1.1.- F.E. | | |
| 10 | 6 | 5 | | S.B.-31.12 | 936 | 937 | 1.1.- F.E. | | |
| 10 | 6 | 6 | | S.B.-31.12 | 937 | 938 | 1.1.- F.E. | | |
| 10 | 6 | 7 | | S.B.-31.12 | 938 | 939 | 1.1.- F.E. | 938.07.29. | 50% | sun eclipse |
| 10 | 6 | 8 | | S.B.-31.12 | 939 | 940 | 1.1.- F.E. | | |
| 10 | 6 | 9 | | S.B.-31.12 | 940 | 941 | 1.1.- F.E. | | |
| 10 | 6 | 10 | | S.B.-31.12 | 941 | 942 | 1.1.- F.E. | | |
| 10 | 6 | 11 | | S.B.-31.12 | 942 | 943 | 1.1.- F.E. | | |
| 10 | 6 | 12 | | S.B.-31.12 | 943 | 944 | 1.1.- F.E. | | |
| 10 | 6 | 13 | | S.B.-31.12 | 944 | 945 | 1.1.- F.E. | | |
| 10 | 6 | 14 | | S.B.-31.12 | 945 | 946 | 1.1.- F.E. | | |
| 10 | 6 | 15 | | S.B.-31.12 | 946 | 947 | 1.1.- F.E. | | |
| 10 | 6 | 16 | | S.B.-31.12 | 947 | 948 | 1.1.- F.E. | | |
| 10 | 6 | 17 | | S.B.-31.12 | 948 | 949 | 1.1.- F.E. | | |
| 10 | 6 | 18 | | S.B.-31.12 | 949 | 950 | 1.1.- F.E. | | |
| 10 | 6 | 19 | | S.B.-31.12 | 950 | 951 | 1.1.- F.E. | | |
| 10 | 7 | 0 | | S.B.-31.12 | 951 | 952 | 1.1.- F.E. | | |
| 10 | 7 | 1 | | S.B.-31.12 | 952 | 953 | 1.1.- F.E. | | |
| 10 | 7 | 2 | | S.B.-31.12 | 953 | 954 | 1.1.- F.E. | 953.10.10. | 50% | sun eclipse |
| 10 | 7 | 3 | | S.B.-31.12 | 954 | 955 | 1.1.- F.E. | | |
| 10 | 7 | 4 | | S.B.-31.12 | 955 | 956 | 1.1.- F.E. | 956.02.14 | 70.00 | sun |

|    |   |    |   | | | | | % | eclipse |
|----|---|----|---|---|---|---|---|---|---|
| 10 | 7 | 5  |   | S.B.-31.12 | 956 | 957 | 1.1.- F.E. |   |   |
| 10 | 7 | 6  |   | S.B.-31.12 | 957 | 958 | 1.1.- F.E. |   |   |
| 10 | 7 | 7  |   | S.B.-31.12 | 958 | 959 | 1.1.- F.E. |   |   |
| 10 | 7 | 8  |   | S.B.-31.12 | 959 | 960 | 1.1.- F.E. |   |   |
| 10 | 7 | 9  |   | S.B.-31.12 | 960 | 961 | 1.1.- F.E. |   |   |
| 10 | 7 | 10 |   | S.B.-31.12 | 961 | 962 | 1.1.- F.E. |   |   |
| 10 | 7 | 11 |   | S.B.-31.12 | 962 | 963 | 1.1.- F.E. |   |   |
| 10 | 7 | 12 |   | S.B.-31.12 | 963 | 964 | 1.1.- F.E. | 964.03.16. | 100% | sun eclipse |
| 10 | 7 | 13 |   | S.B.-31.12 | 964 | 965 | 1.1.- F.E. |   |   |
| 10 | 7 | 14 |   | S.B.-31.12 | 965 | 966 | 1.1.- F.E. |   |   |
| 10 | 7 | 15 |   | S.B.-31.12 | 966 | 967 | 1.1.- F.E. |   |   |
| 10 | 7 | 16 |   | S.B.-31.12 | 967 | 968 | 1.1.- F.E. | 968.01.02. | 80% | sun eclipse |
| 10 | 7 | 17 |   | S.B.-31.12 | 968 | 969 | 1.1.- F.E. |   |   |
| 10 | 7 | 18 |   | S.B.-31.12 | 969 | 970 | 1.1.- F.E. |   |   |
| 10 | 7 | 19 |   | S.B.-31.12 | 970 | 971 | 1.1.- F.E. | 971.04.27. | 60% | sun eclipse |
| 10 | 8 | 0  |   | S.B.-31.12 | 971 | 972 | 1.1.- F.E. |   |   |
| 10 | 8 | 1  |   | S.B.-31.12 | 972 | 973 | 1.1.- F.E. |   |   |
| 10 | 8 | 2  |   | S.B.-31.12 | 973 | 974 | 1.1.- F.E. |   |   |
| 10 | 8 | 3  |   | S.B.-31.12 | 974 | 975 | 1.1.- F.E. |   |   |
| 10 | 8 | 4  |   | S.B.-31.12 | 975 | 976 | 1.1.- F.E. |   |   |
| 10 | 8 | 5  |   | S.B.-31.12 | 976 | 977 | 1.1.- F.E. |   |   |
| 10 | 8 | 6  |   | S.B.-31.12 | 977 | 978 | 1.1.- F.E. |   |   |
| 10 | 8 | 7  |   | S.B.-31.12 | 978 | 979 | 1.1.- F.E. | 979.05.28. | 50% | sun eclipse |
| 10 | 8 | 8  |   | S.B.-31.12 | 979 | 980 | 1.1.- F.E. |   |   |
| 10 | 8 | 9  |   | S.B.-31.12 | 980 | 981 | 1.1.- F.E. |   |   |
| 10 | 8 | 10 |   | S.B.-31.12 | 981 | 982 | 1.1.- F.E. |   |   |
| 10 | 8 | 11 |   | S.B.-31.12 | 982 | 983 | 1.1.- F.E. |   |   |
| 10 | 8 | 12 |   | S.B.-31.12 | 983 | 984 | 1.1.- F.E. |   |   |
| 10 | 8 | 13 |   | S.B.-31.12 | 984 | 985 | 1.1.- F.E. |   |   |
| 10 | 8 | 14 |   | S.B.-31.12 | 985 | 986 | 1.1.- F.E. |   |   |
| 10 | 8 | 15 |   | S.B.-31.12 | 986 | 987 | 1.1.- F.E. | 987.01.02. | 50% | sun eclipse |

| | | | | | | | | | |
|---|---|---|---|---|---|---|---|---|---|
| 10 | 8 | 16 | | S.B.-31.12 | 987 | 988 | 1.1.- F.E. | | | |
| 10 | 8 | 17 | | S.B.-31.12 | 988 | 989 | 1.1.- F.E. | | | |
| 10 | 8 | 18 | | S.B.-31.12 | 989 | 990 | 1.1.- F.E. | | | |
| 10 | 8 | 19 | | S.B.-31.12 | 990 | 991 | 1.1.- F.E. | | | |
| 10 | 9 | 0 | | S.B.-31.12 | 991 | 992 | 1.1.- F.E. | | | |
| 10 | 9 | 1 | | S.B.-31.12 | 992 | 993 | 1.1.- F.E. | | | |
| 10 | 9 | 2 | Madrid S.27 - 10.9.2.11.2.13 | S.B.-31.12 | 993 | 994 | 1.1.- F.E. | | | |
| 10 | 9 | 3 | | S.B.-31.12 | 994 | 995 | 1.1.- F.E. | | | |
| 10 | 9 | 4 | | S.B.-31.12 | 995 | 996 | 1.1.- F.E. | 995.12.24. & 996.06.18 | 60% & 80% | 2 x sun eclipse |
| 10 | 9 | 5 | | S.B.-31.12 | 996 | 997 | 1.1.- F.E. | | | |
| 10 | 9 | 6 | | S.B.-31.12 | 997 | 998 | 1.1.- F.E. | | | |
| 10 | 9 | 7 | | S.B.-31.12 | 998 | 999 | 1.1.- F.E. | | | |
| 10 | 9 | 8 | | S.B.-31.12 | 999 | 1'000 | 1.1.- F.E. | | | |
| 10 | 9 | 9 | | S.B.-31.12 | 1'000 | 1'001 | 1.1.- F.E. | | | |
| 10 | 9 | 10 | | S.B.-31.12 | 1'001 | 1'002 | 1.1.- F.E. | | | |
| 10 | 9 | 11 | | S.B.-31.12 | 1'002 | 1'003 | 1.1.- F.E. | | | |
| 10 | 9 | 12 | | S.B.-31.12 | 1'003 | 1'004 | 1.1.- F.E. | | | |
| 10 | 9 | 13 | | S.B.-31.12 | 1'004 | 1'005 | 1.1.- F.E. | | | |
| 10 | 9 | 14 | | S.B.-31.12 | 1'005 | 1'006 | 1.1.- F.E. | | | |
| 10 | 9 | 15 | | S.B.-31.12 | 1'006 | 1'007 | 1.1.- F.E. | | | |
| 10 | 9 | 16 | | S.B.-31.12 | 1'007 | 1'008 | 1.1.- F.E. | | | |
| 10 | 9 | 17 | | S.B.-31.12 | 1'008 | 1'009 | 1.1.- F.E. | 1008.10.31. | 50.00% | sun eclipse |
| 10 | 9 | 18 | | S.B.-31.12 | 1'009 | 1'010 | 1.1.- F.E. | 1010.03.18. | 90% | sun eclipse |
| 10 | 9 | 19 | | S.B.-31.12 | 1'010 | 1'011 | 1.1.- F.E. | | | |
| 10 | 10 | 0 | | S.B.-31.12 | 1'011 | 1'012 | 1.1.- F.E. | 1011.08.31. | 80% | sun eclipse |
| 10 | 10 | 1 | | S.B.-31.12 | 1'012 | 1'013 | 1.1.- F.E. | | | |
| 10 | 10 | 2 | | S.B.-31.12 | 1'013 | 1'014 | 1.1.- F.E. | | | |
| 10 | 10 | 3 | | S.B.-31.12 | 1'014 | 1'015 | 1.1.- F.E. | | | |
| 10 | 10 | 4 | | S.B.-31.12 | 1'015 | 1'016 | 1.1.- F.E. | | | |
| 10 | 10 | 5 | | S.B.-31.12 | 1'016 | 1'017 | 1.1.- F.E. | | | |
| 10 | 10 | 6 | | S.B.-31.12 | 1'017 | 1'018 | 1.1.- F.E. | 1018.04.18. | 80% | sun eclipse |

| | | | | | | | | | |
|---|---|---|---|---|---|---|---|---|---|
| 10 | 10 | 7 | | S.B.-31.12 | 1'018 | 1'019 | 1.1.- F.E. | | | |
| 10 | 10 | 8 | | S.B.-31.12 | 1'019 | 1'020 | 1.1.- F.E. | | | |
| 10 | 10 | 9 | | S.B.-31.12 | 1'020 | 1'021 | 1.1.- F.E. | | | |
| 10 | 10 | 10 | | S.B.-31.12 | 1'021 | 1'022 | 1.1.- F.E. | | | |
| 10 | 10 | 11 | | S.B.-31.12 | 1'022 | 1'023 | 1.1.- F.E. | | | |
| 10 | 10 | 12 | | S.B.-31.12 | 1'023 | 1'024 | 1.1.- F.E. | | | |
| 10 | 10 | 13 | | S.B.-31.12 | 1'024 | 1'025 | 1.1.- F.E. | 1025.05.29. | 100% | sun eclipse |
| 10 | 10 | 14 | | S.B.-31.12 | 1'025 | 1'026 | 1.1.- F.E. | | | |
| 10 | 10 | 15 | | S.B.-31.12 | 1'026 | 1'027 | 1.1.- F.E. | | | |
| 10 | 10 | 16 | | S.B.-31.12 | 1'027 | 1'028 | 1.1.- F.E. | | | |
| 10 | 10 | 17 | | S.B.-31.12 | 1'028 | 1'029 | 1.1.- F.E. | | | |
| 10 | 10 | 18 | | S.B.-31.12 | 1'029 | 1'030 | 1.1.- F.E. | | | |
| 10 | 10 | 19 | | S.B.-31.12 | 1'030 | 1'031 | 1.1.- F.E. | | | |
| 10 | 11 | 0 | | S.B.-31.12 | 1'031 | 1'032 | 1.1.- F.E. | 1032.05.24 | | venus transit |
| 10 | 11 | 1 | | S.B.-31.12 | 1'032 | 1'033 | 1.1.- F.E. | | | |
| 10 | 11 | 2 | | S.B.-31.12 | 1'033 | 1'034 | 1.1.- F.E. | | | |
| 10 | 11 | 3 | Dresdner S. 49 - 10.11.3.18.14 | S.B.-31.12 | 1'034 | 1'035 | 1.1.- F.E. | | | |
| 10 | 11 | 4 | | S.B.-31.12 | 1'035 | 1'036 | 1.1.- F.E. | 1035.11.02 | 80% | sun eclipse |
| 10 | 11 | 5 | | S.B.-31.12 | 1'036 | 1'037 | 1.1.- F.E. | | | |
| 10 | 11 | 6 | | S.B.-31.12 | 1'037 | 1'038 | 1.1.- F.E. | | | |
| 10 | 11 | 7 | | S.B.-31.12 | 1'038 | 1'039 | 1.1.- F.E. | | | |
| 10 | 11 | 8 | | S.B.-31.12 | 1'039 | 1'040 | 1.1.- F.E. | | | |
| 10 | 11 | 9 | | S.B.-31.12 | 1'040 | 1'041 | 1.1.- F.E. | 1040.08.10. | 50% | sun eclipse |
| 10 | 11 | 10 | | S.B.-31.12 | 1'041 | 1'042 | 1.1.- F.E. | | | |
| 10 | 11 | 11 | | S.B.-31.12 | 1'042 | 1'043 | 1.1.- F.E. | | | |
| 10 | 11 | 12 | | S.B.-31.12 | 1'043 | 1'044 | 1.1.- F.E. | | | |
| 10 | 11 | 13 | | S.B.-31.12 | 1'044 | 1'045 | 1.1.- F.E. | | | |
| 10 | 11 | 14 | | S.B.-31.12 | 1'045 | 1'046 | 1.1.- F.E. | | | |
| 10 | 11 | 15 | | S.B.-31.12 | 1'046 | 1'047 | 1.1.- F.E. | | | |
| 10 | 11 | 16 | | S.B.-31.12 | 1'047 | 1'048 | 1.1.- F.E. | | | |
| 10 | 11 | 17 | | S.B.-31.12 | 1'048 | 1'049 | 1.1.- F.E. | | | |
| 10 | 11 | 18 | | S.B.-31.12 | 1'049 | 1'050 | 1.1.- F.E. | 1050.01.2 | 80% | sun |

| | | | | | | | 5. | | eclipse |
|---|---|---|---|---|---|---|---|---|---|
| 10 | 11 | 19 | | S.B.-31.12 | 1'050 | 1'051 | 1.1.- F.E. | | |
| 10 | 12 | 0 | | S.B.-31.12 | 1'051 | 1'052 | 1.1.- F.E. | 1051.07.10 | 20% | sun eclipse |
| 10 | 12 | 1 | | S.B.-31.12 | 1'052 | 1'053 | 1.1.- F.E. | | | |
| **10** | **12** | **2** | **Dresdner S. 50 - mit Korrektur: 10.12.2.12** | **S.B.-31.12** | **1'053** | **1'054** | **1.1.- F.E.** | **April 1054 SUPER-NOVA** | | **SN** |
| 10 | 12 | 3 | | S.B.-31.12 | 1'054 | 1'055 | 1.1.- F.E. | | | |
| 10 | 12 | 4 | | S.B.-31.12 | 1'055 | 1'056 | 1.1.- F.E. | | | |
| 10 | 12 | 5 | | S.B.-31.12 | 1'056 | 1'057 | 1.1.- F.E. | | | |
| 10 | 12 | 6 | Dresdner S. 45 - 10.12.6.5.2.7 | S.B.-31.12 | 1'057 | 1'058 | 1.1.- F.E. | 1057.09.01. | 90% | sun eclipse |
| 10 | 12 | 7 | | S.B.-31.12 | 1'058 | 1'059 | 1.1.- F.E. | | | |
| 10 | 12 | 8 | | S.B.-31.12 | 1'059 | 1'060 | 1.1.- F.E. | | | |
| 10 | 12 | 9 | Dresdner S.19 - 10.12.9.8..... | S.B.-31.12 | 1'060 | 1'061 | 1.1.- F.E. | | | |
| 10 | 12 | 10 | | S.B.-31.12 | 1'061 | 1'062 | 1.1.- F.E. | | | |
| 10 | 12 | 11 | | S.B.-31.12 | 1'062 | 1'063 | 1.1.- F.E. | 1062.12.03. | 60% | sun eclipse |
| 10 | 12 | 12 | Dresdner S.22 - 10.12.12.11. | S.B.-31.12 | 1'063 | 1'064 | 1.1.- F.E. | | | |
| 10 | 12 | 13 | | S.B.-31.12 | 1'064 | 1'065 | 1.1.- F.E. | | | |
| 10 | 12 | 14 | | S.B.-31.12 | 1'065 | 1'066 | 1.1.- F.E. | 1065.10.02. | 60% | sun eclipse |
| 10 | 12 | 15 | | S.B.-31.12 | 1'066 | 1'067 | 1.1.- F.E. | | | |
| 10 | 12 | 16 | | S.B.-31.12 | 1'067 | 1'068 | 1.1.- F.E. | | | |
| 10 | 12 | 17 | | S.B.-31.12 | 1'068 | 1'069 | 1.1.- F.E. | | | |
| 10 | 12 | 18 | | S.B.-31.12 | 1'069 | 1'070 | 1.1.- F.E. | | | |
| 10 | 12 | 19 | | S.B.-31.12 | 1'070 | 1'071 | 1.1.- F.E. | | | |
| 10 | 13 | 0 | | S.B.-31.12 | 1'071 | 1'072 | 1.1.- F.E. | | | |
| 10 | 13 | 1 | | S.B.-31.12 | 1'072 | 1'073 | 1.1.- F.E. | | | |
| 10 | 13 | 2 | | S.B.-31.12 | 1'073 | 1'074 | 1.1.- F.E. | | | |
| 10 | 13 | 3 | | S.B.-31.12 | 1'074 | 1'075 | 1.1.- F.E. | | | |
| 10 | 13 | 4 | | S.B.-31.12 | 1'075 | 1'076 | 1.1.- F.E. | | | |
| 10 | 13 | 5 | | S.B.-31.12 | 1'076 | 1'077 | 1.1.- F.E. | | | |
| 10 | 13 | 6 | | S.B.-31.12 | 1'077 | 1'078 | 1.1.- F.E. | | | |
| 10 | 13 | 7 | | S.B.-31.12 | 1'078 | 1'079 | 1.1.- F.E. | | | |

| | | | | | | | | | |
|---|---|---|---|---|---|---|---|---|---|
| 10 | 13 | 8 | | S.B.-31.12 | 1'079 | 1'080 | 1.1.- F.E. | | | |
| 10 | 13 | 9 | | S.B.-31.12 | 1'080 | 1'081 | 1.1.- F.E. | | | |
| 10 | 13 | 10 | | S.B.-31.12 | 1'081 | 1'082 | 1.1.- F.E. | | | |
| 10 | 13 | 11 | | S.B.-31.12 | 1'082 | 1'083 | 1.1.- F.E. | 1083.04.19. | 80% | sun eclipse |
| 10 | 13 | 12 | | S.B.-31.12 | 1'083 | 1'084 | 1.1.- F.E. | | | |
| 10 | 13 | 13 | | S.B.-31.12 | 1'084 | 1'085 | 1.1.- F.E. | | | |
| 10 | 13 | 14 | | S.B.-31.12 | 1'085 | 1'086 | 1.1.- F.E. | | | |
| 10 | 13 | 15 | | S.B.-31.12 | 1'086 | 1'087 | 1.1.- F.E. | | | |
| 10 | 13 | 16 | | S.B.-31.12 | 1'087 | 1'088 | 1.1.- F.E. | | | |
| 10 | 13 | 17 | | S.B.-31.12 | 1'088 | 1'089 | 1.1.- F.E. | | | |
| 10 | 13 | 18 | | S.B.-31.12 | 1'089 | 1'090 | 1.1.- F.E. | | | |
| 10 | 13 | 19 | | S.B.-31.12 | 1'090 | 1'091 | 1.1.- F.E. | | | |
| 10 | 14 | 0 | | S.B.-31.12 | 1'091 | 1'092 | 1.1.- F.E. | | | |
| 10 | 14 | 1 | | S.B.-31.12 | 1'092 | 1'093 | 1.1.- F.E. | | | |
| 10 | 14 | 2 | | S.B.-31.12 | 1'093 | 1'094 | 1.1.- F.E. | | | |
| 10 | 14 | 3 | | S.B.-31.12 | 1'094 | 1'095 | 1.1.- F.E. | 1094.09.12. | 60% | sun eclipse |
| 10 | 14 | 4 | | S.B.-31.12 | 1'095 | 1'096 | 1.1.- F.E. | | | |
| 10 | 14 | 5 | | S.B.-31.12 | 1'096 | 1'097 | 1.1.- F.E. | | | |
| 10 | 14 | 6 | | S.B.-31.12 | 1'097 | 1'098 | 1.1.- F.E. | 1097.07.11. | 80% | sun eclipse |
| 10 | 14 | 7 | | S.B.-31.12 | 1'098 | 1'099 | 1.1.- F.E. | | | |
| 10 | 14 | 8 | | S.B.-31.12 | 1'099 | 1'100 | 1.1.- F.E. | | | |
| 10 | 14 | 9 | | S.B.-31.12 | 1'100 | 1'101 | 1.1.- F.E. | | | |
| 10 | 14 | 10 | | S.B.-31.12 | 1'101 | 1'102 | 1.1.- F.E. | | | |
| 10 | 14 | 11 | | S.B.-31.12 | 1'102 | 1'103 | 1.1.- F.E. | | | |
| 10 | 14 | 12 | | S.B.-31.12 | 1'103 | 1'104 | 1.1.- F.E. | | | |
| 10 | 14 | 13 | | S.B.-31.12 | 1'104 | 1'105 | 1.1.- F.E. | | | |
| 10 | 14 | 14 | | S.B.-31.12 | 1'105 | 1'106 | 1.1.- F.E. | 1105.08.11. | 70.00% | sun eclipse |
| 10 | 14 | 15 | | S.B.-31.12 | 1'106 | 1'107 | 1.1.- F.E. | | | |
| 10 | 14 | 16 | | S.B.-31.12 | 1'107 | 1'108 | 1.1.- F.E. | | | |
| 10 | 14 | 17 | | S.B.-31.12 | 1'108 | 1'109 | 1.1.- F.E. | | | |
| 10 | 14 | 18 | | S.B.-31.12 | 1'109 | 1'110 | 1.1.- F.E. | | | |
| 10 | 14 | 19 | | S.B.-31.12 | 1'110 | 1'111 | 1.1.- F.E. | | | |
| 10 | 15 | 0 | | S.B.-31.12 | 1'111 | 1'112 | 1.1.- F.E. | 1111.10.0 | 100% | sun |

|    |    |    |    |             |       |       |            |              |        |         |
|----|----|----|----|-------------|-------|-------|------------|--------------|--------|---------|
|    |    |    |    |             |       |       |            | 4.           |        | eclipse |
| 10 | 15 | 1  |    | S.B.-31.12  | 1'112 | 1'113 | 1.1.- F.E. |              |        |         |
| 10 | 15 | 2  |    | S.B.-31.12  | 1'113 | 1'114 | 1.1.- F.E. |              |        |         |
| 10 | 15 | 3  |    | S.B.-31.12  | 1'114 | 1'115 | 1.1.- F.E. |              |        |         |
| 10 | 15 | 4  |    | S.B.-31.12  | 1'115 | 1'116 | 1.1.- F.E. | 1116.01.16   | 70.00% | sun eclipse |
| 10 | 15 | 5  |    | S.B.-31.12  | 1'116 | 1'117 | 1.1.- F.E. |              |        |         |
| 10 | 15 | 6  |    | S.B.-31.12  | 1'117 | 1'118 | 1.1.- F.E. |              |        |         |
| 10 | 15 | 7  |    | S.B.-31.12  | 1'118 | 1'119 | 1.1.- F.E. |              |        |         |
| 10 | 15 | 8  |    | S.B.-31.12  | 1'119 | 1'120 | 1.1.- F.E. |              |        |         |
| 10 | 15 | 9  |    | S.B.-31.12  | 1'120 | 1'121 | 1.1.- F.E. |              |        |         |
| 10 | 15 | 10 |    | S.B.-31.12  | 1'121 | 1'122 | 1.1.- F.E. |              |        |         |
| 10 | 15 | 11 |    | S.B.-31.12  | 1'122 | 1'123 | 1.1.- F.E. |              |        |         |
| 10 | 15 | 12 |    | S.B.-31.12  | 1'123 | 1'124 | 1.1.- F.E. |              |        |         |
| 10 | 15 | 13 |    | S.B.-31.12  | 1'124 | 1'125 | 1.1.- F.E. |              |        |         |
| 10 | 15 | 14 |    | S.B.-31.12  | 1'125 | 1'126 | 1.1.- F.E. |              |        |         |
| 10 | 15 | 15 |    | S.B.-31.12  | 1'126 | 1'127 | 1.1.- F.E. |              |        |         |
| 10 | 15 | 16 |    | S.B.-31.12  | 1'127 | 1'128 | 1.1.- F.E. |              |        |         |
| 10 | 15 | 17 |    | S.B.-31.12  | 1'128 | 1'129 | 1.1.- F.E. |              |        |         |
| 10 | 15 | 18 |    | S.B.-31.12  | 1'129 | 1'130 | 1.1.- F.E. | 1130.04.09.  | 50.00% | sun eclipse |
| 10 | 15 | 19 |    | S.B.-31.12  | 1'130 | 1'131 | 1.1.- F.E. |              |        |         |
| 10 | 16 | 0  |    | S.B.-31.12  | 1'131 | 1'132 | 1.1.- F.E. |              |        |         |
| 10 | 16 | 1  |    | S.B.-31.12  | 1'132 | 1'133 | 1.1.- F.E. |              |        |         |
| 10 | 16 | 2  |    | S.B.-31.12  | 1'133 | 1'134 | 1.1.- F.E. |              |        |         |
| 10 | 16 | 3  |    | S.B.-31.12  | 1'134 | 1'135 | 1.1.- F.E. |              |        |         |
| 10 | 16 | 4  |    | S.B.-31.12  | 1'135 | 1'136 | 1.1.- F.E. |              |        |         |
| 10 | 16 | 5  |    | S.B.-31.12  | 1'136 | 1'137 | 1.1.- F.E. | 1137.05.21.  | 80%    | sun eclipse |
| 10 | 16 | 6  |    | S.B.-31.12  | 1'137 | 1'138 | 1.1.- F.E. |              |        |         |
| 10 | 16 | 7  |    | S.B.-31.12  | 1'138 | 1'139 | 1.1.- F.E. |              |        |         |
| 10 | 16 | 8  |    | S.B.-31.12  | 1'139 | 1'140 | 1.1.- F.E. |              |        |         |
| 10 | 16 | 9  |    | S.B.-31.12  | 1'140 | 1'141 | 1.1.- F.E. |              |        |         |
| 10 | 16 | 10 |    | S.B.-31.12  | 1'141 | 1'142 | 1.1.- F.E. |              |        |         |
| 10 | 16 | 11 |    | S.B.-31.12  | 1'142 | 1'143 | 1.1.- F.E. |              |        |         |
| 10 | 16 | 12 |    | S.B.-31.12  | 1'143 | 1'144 | 1.1.- F.E. |              |        |         |

| | | | | | | | | | |
|---|---|---|---|---|---|---|---|---|---|
| 10 | 16 | 13 | | S.B.-31.12 | 1'144 | 1'145 | 1.1.- F.E. | | | |
| 10 | 16 | 14 | | S.B.-31.12 | 1'145 | 1'146 | 1.1.- F.E. | | | |
| 10 | 16 | 15 | | S.B.-31.12 | 1'146 | 1'147 | 1.1.- F.E. | | | |
| 10 | 16 | 16 | | S.B.-31.12 | 1'147 | 1'148 | 1.1.- F.E. | | | |
| 10 | 16 | 17 | | S.B.-31.12 | 1'148 | 1'149 | 1.1.- F.E. | | | |
| 10 | 16 | 18 | | S.B.-31.12 | 1'149 | 1'150 | 1.1.- F.E. | | | |
| 10 | 16 | 19 | | S.B.-31.12 | 1'150 | 1'151 | 1.1.- F.E. | | | |
| 10 | 17 | 0 | | S.B.-31.12 | 1'151 | 1'152 | 1.1.- F.E. | 1151.08.13. | 60% | sun eclipse |
| 10 | 17 | 1 | | G.D.-31.12 | 1'152 | 1'153 | 1.1.- F.E. | | | |
| 10 | 17 | 2 | | S.B.-31.12 | 1'153 | 1'154 | 1.1.- F.E. | | | |
| 10 | 17 | 3 | | S.B.-31.12 | 1'154 | 1'155 | 1.1.- F.E. | | | |
| 10 | 17 | 4 | | S.B.-31.12 | 1'155 | 1'156 | 1.1.- F.E. | | | |
| 10 | 17 | 5 | | S.B.-31.12 | 1'156 | 1'157 | 1.1.- F.E. | | | |
| 10 | 17 | 6 | | S.B.-31.12 | 1'157 | 1'158 | 1.1.- F.E. | | | |
| 10 | 17 | 7 | | S.B.-31.12 | 1'158 | 1'159 | 1.1.- F.E. | | | |
| 10 | 17 | 8 | | S.B.-31.12 | 1'159 | 1'160 | 1.1.- F.E. | | | |
| 10 | 17 | 9 | | S.B.-31.12 | 1'160 | 1'161 | 1.1.- F.E. | | | |
| 10 | 17 | 10 | | S.B.-31.12 | 1'161 | 1'162 | 1.1.- F.E. | | | |
| 10 | 17 | 11 | | S.B.-31.12 | 1'162 | 1'163 | 1.1.- F.E. | | | |
| 10 | 17 | 12 | | S.B.-31.12 | 1'163 | 1'164 | 1.1.- F.E. | | | |
| 10 | 17 | 13 | Dresdner S. 49 - 10.17.13.12.12 | S.B.-31.12 | 1'164 | 1'165 | 1.1.- F.E. | | | |
| 10 | 17 | 14 | | S.B.-31.12 | 1'165 | 1'166 | 1.1.- F.E. | 1165.11.05. | 100% | sun eclipse |
| 10 | 17 | 15 | | S.B.-31.12 | 1'166 | 1'167 | 1.1.- F.E. | | | |
| 10 | 17 | 16 | | S.B.-31.12 | 1'167 | 1'168 | 1.1.- F.E. | | | |
| 10 | 17 | 17 | | S.B.-31.12 | 1'168 | 1'169 | 1.1.- F.E. | | | |
| 10 | 17 | 18 | | S.B.-31.12 | 1'169 | 1'170 | 1.1.- F.E. | 1170.02.17. | 70.00% | sun eclipse |
| 10 | 17 | 19 | | S.B.-31.12 | 1'170 | 1'171 | 1.1.- F.E. | | | |
| 10 | 18 | 0 | | S.B.-31.12 | 1'171 | 1'172 | 1.1.- F.E. | | | |
| 10 | 18 | 1 | | S.B.-31.12 | 1'172 | 1'173 | 1.1.- F.E. | | | |
| 10 | 18 | 2 | | S.B.-31.12 | 1'173 | 1'174 | 1.1.- F.E. | | | |
| 10 | 18 | 3 | | S.B.-31.12 | 1'174 | 1'175 | 1.1.- F.E. | | | |
| 10 | 18 | 4 | | S.B.-31.12 | 1'175 | 1'176 | 1.1.- F.E. | | | |

| 10 | 18 | 5 | | S.B.-31.12 | 1'176 | 1'177 | 1.1.- F.E. | 1177.03.31. | 70.00% | sun eclipse |
|---|---|---|---|---|---|---|---|---|---|---|
| 10 | 18 | 6 | | S.B.-31.12 | 1'177 | 1'178 | 1.1.- F.E. | | | |
| 10 | 18 | 7 | | S.B.-31.12 | 1'178 | 1'179 | 1.1.- F.E. | | | |
| 10 | 18 | 8 | | S.B.-31.12 | 1'179 | 1'180 | 1.1.- F.E. | 1180.01.28. | 50.00% | sun eclipse |
| 10 | 18 | 9 | | S.B.-31.12 | 1'180 | 1'181 | 1.1.- F.E. | | | |
| 10 | 18 | 10 | | S.B.-31.12 | 1'181 | 1'182 | 1.1.- F.E. | 1181.07.13 | 60% | sun eclipse |
| 10 | 18 | 11 | | S.B.-31.12 | 1'182 | 1'183 | 1.1.- F.E. | | | |
| 10 | 18 | 12 | | S.B.-31.12 | 1'183 | 1'184 | 1.1.- F.E. | 1184.05.11. | 80% | sun eclipse |
| 10 | 18 | 13 | | S.B.-31.12 | 1'184 | 1'185 | 1.1.- F.E. | | | |
| 10 | 18 | 14 | | S.B.-31.12 | 1'185 | 1'186 | 1.1.- F.E. | | | |
| 10 | 18 | 15 | | S.B.-31.12 | 1'186 | 1'187 | 1.1.- F.E. | | | |
| 10 | 18 | 16 | | S.B.-31.12 | 1'187 | 1'188 | 1.1.- F.E. | | | |
| 10 | 18 | 17 | | S.B.-31.12 | 1'188 | 1'189 | 1.1.- F.E. | | | |
| 10 | 18 | 18 | | S.B.-31.12 | 1'189 | 1'190 | 1.1.- F.E. | | | |
| 10 | 18 | 19 | | S.B.-31.12 | 1'190 | 1'191 | 1.1.- F.E. | | | |
| 10 | 19 | 0 | | S.B.-31.12 | 1'191 | 1'192 | 1.1.- F.E. | | | |
| 10 | 19 | 1 | | S.B.-31.12 | 1'192 | 1'193 | 1.1.- F.E. | | | |
| 10 | 19 | 2 | | S.B.-31.12 | 1'193 | 1'194 | 1.1.- F.E. | | | |
| 10 | 19 | 3 | | S.B.-31.12 | 1'194 | 1'195 | 1.1.- F.E. | | | |
| 10 | 19 | 4 | | S.B.-31.12 | 1'195 | 1'196 | 1.1.- F.E. | | | |
| 10 | 19 | 5 | | S.B.-31.12 | 1'196 | 1'197 | 1.1.- F.E. | 1196.09.23. | 90% | sun eclipse |
| 10 | 19 | 6 | | S.B.-31.12 | 1'197 | 1'198 | 1.1.- F.E. | | | |
| 10 | 19 | 7 | | S.B.-31.12 | 1'198 | 1'199 | 1.1.- F.E. | | | |
| 10 | 19 | 8 | | S.B.-31.12 | 1'199 | 1'200 | 1.1.- F.E. | | | |
| 10 | 19 | 9 | | S.B.-31.12 | 1'200 | 1'201 | 1.1.- F.E. | | | |

# 11. Bischof Diego de Landa

**Meine Ansichten über die Massenmorde von Bischof Diego de Landa**

Vor einigen Jahren konnte man im Netz sämtliche Greueltaten des Bischof Diego de Landa und zum Beispiel auch vom

Heiligen Kyrill von Alexandrien finden. Da wurden Tausenden von Opfern genannt. Zwischenzeitlich sind diese Greueltaten verschwunden. Letztes Jahr konnte man im Web entnehmen, dass Diego de Landa gerade mal 150 Maya-Priester hat ermorden lassen. Dieses Jahr sind deren 30 übriggeblieben. Man verleugnet dies sogar. Aber es handelt sich ja um einen Massenmörder, das dürfen wir nicht vergessen.

So habe ich heute, den 8. Januar 2015, eine fundierte Studie über Bischof Diego de Landa gestartet.

Man stelle sich vor: Ein Richter der Inquisition wird von einem Gouverneur des Massenmordes beschuldigt und nach Spanien gesandt, um vor Gericht gestellt zu werden. Das hat es praktisch nur im Falle von Diego de Landa gegeben.

Aber da stellt sich die Frage: **"Was hat Diego de Landa, seines Zeichens Richter der Inquisition, auf Yucatan angestellt, dass der Gouverneur den Mut findet, den spanischen Inquisitor anzuklagen?"** Da muss etwas wirklich Gravierendes geschehen sein. Aber im Netz findet man davon praktisch nichts mehr, denn die brutalen Foltermethoden der Inquisition sind allgemein bekannt und Diego de Landa hat sie ganz bestimmt angewandt. Solche Geschichten wischt die Kirche gerne vom Tisch.

Unter anderem wurden 1562 im inquisitorischen Prozess von Manì auch 150'000 Mayas begnadigt und in ihre Dörfer zurückgeschickt. Siehe auf der linken Seite die Links zu den PDFs. Aber wenn 150'000 Menschen "aus Milde" begnadigt wurden, dann kann man annehmen, dass jeder 10. hingerichtet wurde.

Das wären dann die 15'000 Maya-Priester, die man unter vorgehaltenen Hand nennt, die von der Inquisition ermordet wurden. Trotzdem bleibt das meine subjektive Annahme.

## Machen wir mal eine Hochrechnung

Um das Jahr 1500 hat es ca. 20'000'000 Maya gegeben. Sehr viele sind erst später an den eingeführten Krankheiten der Spanier gestorben. Nun, wenn wir auf 500 Maya einen Maya-Priester annehmen, dann ergibt dies die stolze Zahl von 40'000 Maya-Priester. Aber nach der "Missionierung" durch Diego de Landa waren dann keine mehr da!

Subjektiv betrachtet wird da ein Massenmord an den Maya verleugnet. Aber wer putzt so sauber im Web?

## Das Leben dieses Bischofs, wie es heute im Netz dargestellt wird.

Diego de Landa Calderón stammte aus einer noblen Familie und wurde am 12. November 1524 in der Casa de los Gallos, bei der Villa Condal de Cifuentes, Guadalajara, geboren. Wahrscheinlich absolvierte er seine ersten Schuljahre von 1529 bis 1541.im Kloster der Franziskaner von Cifuentes

Circa ab 1541 ging er bis 1547 ins Münster San Juan de los Reyes, in Toledo, um weiter zu studieren. 1547 wechselte er zum Kloster San Julián und San Antonio de La Cabrera in Madrid.

Im 1548 überzeugte ihn Fray Nicolás de Albalate, nach Yucatan zu gehen. Dort solle er die Maya zum katholischen Glauben missionieren.

## Zum ersten Mal in Yucatán (1549-1563)

Im August 1549 landete er in Campeche und ging nach Izamal, wo er die Mission von San Antonio einweihte.

Vom 1549 bis 1552 bereiste er die Halbinsel Yucatán, um die Maya im Dschungel von Yucatan zum katholischen Glauben zu konvertieren. Während dieser Zeit lernte er die Sprache der Maya unter Beihilfe der Gramatik von Fray fray Luis de Villalpando. In dieser Zeit lernte er die Maya-Sprache so gut, dass er sogar die Grammatik seines Lehrers schlussendlich korrigieren konnte.

Im Jahr 1552 schloss er sein erstes Kapitel im Fransiskaner- orden und wurde zum Vorstand des Klosters von San Antonio de Padua in Izamal ernannt.

Die Evangelisierung durch Ordensbrüder, die so notwendig und dringlich schien, verursachte einen Konflikt mit den spanischen Verwaltern. Die spanischen Verwalter waren der Ansicht, dass durch die Konvertierung zum Christentum die Indios die Arbeit vernachlässigten und zur Faulheit bewogen wurden. Zwischen 1552 und 1558 gab es eine Revolte der spanischen Verwalter, vor allem in der Provinz Valladolid, wo sie zweimal das Kloster und die Kirche verbrannten.

In diesem Klima war eine Konfliktintervention der Behörden erforderlich. Alonso Lopez Cerrato, zweiter Präsident der Real Audiencia von Guatemala, als Hörer (?) zu Yucatan, entsandte Tomás López. Diese Feindschaft zwischen den Verwaltern und den Franziskanern wurde erst viel später, nach der Rückkehr von Landa nach seinem Prozess in Spanien beendet.

*Oben: Hinterseite des Klosters Izamal, Merida. Das Kloster wurde aus der Bausubstanz einer Maya-Pyramide gebaut.*

Am 27. Oktober 1553 nahm Bruder Diego de Landa an den Vereinbarungen von Cabildo de Mérida zwischen den Franziskaner und den spanischen Verwaltern teil, um die Endlöhnungen der Indios zu regeln.

Am 13. November 1556 wurde Landa zum Finanzverwalter der Provinz Yucatan ernannt.

Trotz der vielen Bemühungen der Franziskaner - und wenn es auch schien, dass die Maya den christlichen Glauben annehmen würden - wurden in den verlassenen prähspanischen Tempeln immer noch Rituale abgehalten und Menschenopfer durchgeführt.

Im Jahre 1558 überraschte Landa eine Menge Indios, die ein Ritual in Chichén Itzá abhielten. Er hielt sofort einen Gottesdienst, predigte das Evangelium und warf alle Götzenbilder aus dem heiligen Orte.

Im Jahr 1558 reiste Fray Lorenzo de Bienvenida nach Spanien, um mehr Franziskaner für die Missionen zu rekrutieren. Am 3. April 1559 schrieb Diego de Landa einen Brief an den Rat der Indios und schlug Bruder Lorenzo als Bischof von Yucatan vor.

Am 19. Februar 1560 wurde Diego de Quijada zum Bürgermeister der Provinz Yucatan ernannt. Aus Eigeninteresse war der Bürgermeister eine wichtige Unterstützung für Landa im Kampf gegen die Ketzerei der Indios.

Ein paar Monate später sprachen Bruder Francisco Navarro und Bruder Diego de Landa - als reguläre apostolischen Richter der spanischen Inquisition - mehrere Spanier wegen Gotteslästerung, darunter auch einige Verwalter, für schuldig.

Am 12. November 1560, wurde Landa zum Vorsteher des Klosters Mérida ernannt.

Im August 1561 zeigt Hunacti dem Vorsteher des Klosters Fray Pedro de Ciudad Rodrigo die Leiche eines Kindes mit Anzeichen von Opferritualen. Einige Monate später zeigten mehrere Schüler von Manì Fray Pedro mehrere Ritualknochen. All dies bewog Landa "mehrere" Indios wegen Ketzerei zu verurteilen.

Am 13. September 1561 wird Landa zum kirchlichen Vorsteher von Yucatán. Da ein Bischof seit 1557 fehlte, wurde er zur höchsten kirchlichen Autorität der gesamten Provinz von Yucatan und im gleichen Jahr auch von Guatemala. Im Juni 1562, während einer Jagd, entdeckte der Torwärter des Klosters von Mani, Pedro Che, in einer Höhle, einen noch warmen Hirsch, dessen Herzen herausgerissen worden war.

Es fand auch mehrere Altäre von Götzen und Blutschmierereien. Pedro Che informierte sofort Bruder Pedro (?) über seine Entdeckung und dieser wiederum ging sofort zu Bruder Diego de Landa. Dieser, seinerseits, ging nach Mani um Rücksprache mit Diego de Quijada zu halten.

Diego de Landa wurde immer wieder mit den Ritualen der Indios konfrontiert und griff mit harter Hand, mit seinen inquisitorischen Machtbefugnissen und mit der Hilfe von Diego de Quijada durch.

Diego de Quijada beauftragte den Leutnant Bartolome de Bohorques, um Landa zu helfen und jedem Befehl von Landa zu gehorchen und auszuführen. Was der Mönch verlangte, hatte er zu tun, um seine Urteile gegen die Indios durchzusetzen. Landa befahl Bohorques, unter Androhung der Exkommunikation, das Amt des Sheriffs der ordentlichen Inquisition zu akzeptieren.

Am 11. Juni 1562 befahl Landa dreissig Indianerhäuptlinge zu ergreifen und in den Tagen danach auch den Gouverneur von Mani, Francisco de Montejo Xiu, der Chef der Oxkutzcab, Francisco Pacab, der Chef der Mama, Juan Pech und den Kaziken Tekax, Diego Uz. Diego de Landa griff mit den brutalen Foltermethoden und Hinrichtungen der Inquisition durch.

Am 12. Juli 1562 fand in Mani ein Glaubenstribunal statt, um das, was im vorherigen Jahr geschehen war, zu beurteilen. Als

Vertreter der Religionsbehörde waren Diego de Landa, der das Tribunal der Inquisition führte und als Vertreter der Zivilbehörde war der Bürgermeister Diego de Quijada genannt worden. Die eidesstattlichen Erklärungen wurden von Jerónimo de Contreras und Pedro Martinez unterschrieben.

In dieser Nacht wurden die Häuptlinge geschoren und ca. 5000 Idole, Altäre, Stelen und Gefässe zerstört. Praktisch alle Codices wurden verbrannt. Daraufhin nahmen sich etliche Maya das Leben. Andere Maya wurden hingerichtet. Dieses Vorgehen provozierte den Zorn der Verwalter, weil die Festnahme vieler Indios die Flucht anderer Indios in den Dschungel provoziert hatte, so dass diese keine Arbeit mehr verrichteten. Das hatte aber auch zur Folge, dass die Maya das Vertrauen in die Spanier definitiv verloren hatten.

Am 14. August 1562 kam Bruder Francisco de Toral, der neu ernannte Bischof von Yucatán, in Merida an. Sowohl die Verwalter wie auch der Verteidiger der Indianer, Diego Rodriguez Vivanco, nutzte das, was in Mani geschehen war, um den Bischof zu ihren Gunsten und gegen Landa zu einzunehmen. Im Oktober formalisierten Bischof Toral und der Verteidiger der Indianer Rodriguez Vivanco ihre Anschuldigungen gegen Bruder Diego de Landa und sandten es an König Philipp II. Auf der einen Seite stand Landa mit den Brüdern seines Ordens und dem Bürgermeister Diego de Quijada und auf der anderen Seite Bischof Toral, der Verteidiger der Indianer Rodriguez Vivanco und die Verwalter. Diese zwei Seiten blieben ein Jahrzehnt lang bestehen.

Wegen diesen Anschuldigungen, entschied Landa, sich an den Vizekönig zu wenden und ging nach Campeche. Dorthin, wo auch Toral und Quijada hingegangen waren, traf er Martin Cortés Zúñiga, einziger legitime Sohn von Hernán Cortés, der zwischen beiden Seiten zu vermitteln versuchte. Nach Cortés intervenierte auch Francisco de Montejo der Jüngere, aber auch ihm gelang es nicht, den Streit zu schlichten. Die Vorwürfe erreichten Felipe II und deswegen beschloss er, sein Amt aufzugeben und nach Spanien zu reisen.

## Zweiter Teil des Lebens von Diego de Landa ab 1564

Beinahe von barbarischen Piraten gefangen genommen, verbrachte Diego de Landa mehrere Monate krank in Santo Domingo. Spanien erreichte er im Oktober 1564. Die ersten Tage verbrachte er im Kloster von San Juan de los Reyes. Danach übersiedelte er nach Barcelona, zum Hauptsitz seines Ordens. Mit einem Brief, den man ihm gab, ging er nach Madrid, um sich vor dem König und dem Rat der Indios zu verteidigen.

Am 13. Februar 1565 wurde die Angelegenheit von Bruder Diego an den franziskanischen Vorstand von Kastilien, Bruder Pedro de Bobadilla, weitergeleitet und dieser wiederum wies den Fall an Bruder Francisco de Guzman, um ihn beurteilen zu lassen. Am 2. Mai verfasste der Experte einen Bericht des Ausschusses zu Gunsten von Landa und ein Jahr danach widerruft Bischof Toral seine Vorwürfe, die er gegen Landa erhoben hatte: " ... er erhob sich vom Stuhl und kniete nieder, wie ein guter Mönch äusserte er seine Schuld, dass er Fehler gemacht habe, ..... .Hat allen um Vergebung gebeten und versprochen, alle zufrieden zu stellen um sein Gewissen zu entladen." Man weiss es heute nicht mehr genau, aber vermutlich zwischen den Jahren 1566 und 1568 schrieb Landa in Cifuentes sein Buch "Relación de las cosas de Yucatán".

Am 11. Februar 1567 schreiben 10 Religiöse einen Brief an Philip II und bitten ihn, Fray Diego de Landa zurück zu schicken, da dieser die Sprache der Maya und deren Kultur ausgezeichnet kenne.

Im Januar 1569 verkündete Fray Antonio de Córdoba, als Vorstand der damalige Provinz von Kastilien, eine Absolution zugunsten von Fray Diego de Landa und sprach ihn frei. Am 24. Februar 1570 erfahren die Franziskaner von Yucatán, dass Landa freigesprochen worden war, schrieben einen Brief an Philipp II und forderten die Rückkehr von Fray Diego.

Am 20. April 1571 stirbt Francisco Toral, so dass der bischöfliche Stuhl der Provinz Yucatan frei wird.

Ende 1571, als Landa sich in den Klöstern von San Julian und San Antonio aufhielt, erhielt er ein königliches Dekret, in dem er als Bischof von Yucatan vorgeschlagen wird. Am 15. November 1572 wird Landa in Sevilla zum Bischof geweiht und dies wird im Blatt Nueva España vom 28. Juni 1573 publiziert.

## Wieder in Yucatan ab 1573 bis zu seinem Tod

Am 11. Oktober 1573 landet Bischof Fray Diego de Landa in Campeche. Bei seiner Ankunft in Mérida muss er feststellen, dass viele Mönche die Sprache der Maya nicht beherrschen. Nach beträchtlichem Ärger führt er wieder die Schulung der indigenen Sprache für alle Missionare ein. Im nachfolgendem Jahr lässt er eine christliche Doktrie für die Mayas drucken und mit Bestimmtheit auch sein Werk "Relación de las cosas de Yucatán".

Am 28. Februar 1578 ernennt Felipe II den Bischof Diego de Landa zum Verteidiger der Indios.

*(Anmerkung des Autors: Der Massenmörder und Kulturvernichter der Maya wird zum Verteidiger der Indios ernannt ?? )*

Am 29. April 1579 stirbt Landa im grossen Kloster von San Francisco (Mérida), wo er auch begraben wurde. Jahre später wurden seine sterblichen Überreste nach Cifuentes (Spanien) überführt und in einer kleinen Nische in der Kapelle von Calderón in der Kirche von El Salvador gelegt.

Im 1937 wurde die Kirche von El Salvador geschändet und die sterblichen Überreste von Diego de Landa verschwanden für immer.

"La Relación de las cosas de Yucatán", dass Diego de Landa zwischen dem 1566 und 1568 geschrieben hat, ist ausgezeichnet, um das Leben und die Kultur der Maya zu verstehen. In diesem Buch schreibt Landa über die Entdeckung Mexikos und die Geschichte und Kultur der Maya. Im achtzehnten Jahrhundert verschwanden die letzten Menschen, die in der Lage waren, die komplexen Mayaglyphen zu verstehen.

Im 1862 entdeckte Charles Étienne Brasseur de Bourbourg eine Kopie des Manuskriptes in der Academia de la Historia, in Madrid und lies es in französischer Sprache übersetzen und publizierte es in London und Paris im 1864.

**Quellen**:
- Diego de Landa, Relation de choses de Yucatan
- Wikipedia, Bischof Diego de Landa, *es.wikipedia.org/wiki/Diego_de_Landa*
- José Isidoro Saucedo Gonzalez, Del Sometimiento a las Sublevaciones en Yucatan de 1500 a 1600
Proceso de un pueblo, Maní, 1562

# Die Zahlen 1 - 100 der Maya